丙辉漫谈

给学生的回信

路丙辉◎著

高校思想政治理论课『思想道德与法治』教学创新与实践详案丛书

安徽师范大学出版社
ANHUI NORMAL UNIVERSITY PRESS
·芜湖·

图书在版编目(CIP)数据

丙辉漫谈.给学生的回信 / 路丙辉著.—芜湖：安徽师范大学出版社，2022.9
(高校思想政治理论课"思想道德与法治"教学创新与实践详案丛书 / 路丙辉总主编)
ISBN 978-7-5676-5616-1

Ⅰ.①丙… Ⅱ.①路… Ⅲ.①高等学校－思想政治教育－中国－文集 Ⅳ.①G641-53

中国版本图书馆CIP数据核字(2022)第046438号

丙辉漫谈·给学生的回信　　路丙辉◎著
BINGHUI MANTAN GEI XUESHENG DE HUIXIN

责任编辑：祝凤霞　　责任校对：沈　菲
装帧设计：王晴晴　汤彬彬　　责任印制：桑国磊
出版发行：安徽师范大学出版社
芜湖市北京东路1号安徽师范大学赭山校区
网　　址：http://www.ahnupress.com/
发 行 部：0553-3883578　5910327　5910310(传真)
印　　刷：江苏凤凰数码印务有限公司
版　　次：2022年9月第1版
印　　次：2022年9月第1次印刷
规　　格：700 mm × 1000 mm　1/16
印　　张：12.5
字　　数：163千字
书　　号：ISBN 978-7-5676-5616-1
定　　价：39.80元

本套丛书是以下项目的阶段性成果

1. 全国高校思政课建设项目:全国高校思政课名师工作室(安徽师范大学)(项目批准号:21SZJS34010370)

2. 教育部高校思政工作队伍培训研修中心专项

3. 安徽省高峰学科(马克思主义理论)建设计划项目

4. 2019年安徽省质量工程立项虚拟仿真实验教学项目“皖南红色文化虚拟仿真实训中心”(项目编号:2019xfxm30)

5. 2020年安徽省“三全育人”试点省建设暨高校思想政治工作能力提升项目:思想政治理论课教学科研团队择优支持项目“思想政治理论课考试考核办法研究”(项目编号:sztsjh-2020-7-1)

6. 2020年校级本科公共课程“《思想道德修养与法律基础》一流本科课程项目”

总　序

习近平总书记在2019年学校思想政治理论课教师座谈会上指出："思政课是落实立德树人根本任务的关键课程，思政课作用不可替代，思政课教师队伍责任重大。"[①]从讲话的全文看，总书记指出思政课教师要落实这个"关键"作用，应主要在两个方面下功夫，一是提升思政课教师的素养要做到"六要"，一是推动思政课改革创新，要做到八个"统一"。其中，总书记在讲到要"坚持统一性和多样性相统一"时，特别强调，"思政课教师在教学中要把统编教材作为依据，确保教学的规范性、科学性、权威性，同时也不能简单照本宣科。教材给出的是教学的基本结论和简要论述，要让不同类型的学生都爱听爱学、听懂学会，需要做很多创造性工作。要在教学过程中进行多样化探索，通过多种方式实现教学目标。"[②]这一重要论述对于我们思政课一线教师在创新教案和编撰教辅材料方面具有十分重要的指导价值。

2019年以来，中共中央办公厅、国务院办公厅、教育部连续下发了

① 习近平．论党的宣传工作[M]．北京：中央文献出版社，2020：373.

② 习近平．论党的宣传工作[M]．北京：中央文献出版社，2020：385.

《关于深化新时代学校思想政治理论课改革创新的若干意见》等一系列旨在提升学校思想政治教育实效性的文件，打出了政策落地见效的“组合拳”，为高校思想政治理论课建设一流课程提供了优越的条件，在宏观层面为青年大学生“摆上一桌可口的饭菜”做足了准备。但是，毋庸讳言，在实际工作中，教师们端上的精品“饭菜”，学生有没有胃口，是否愿意吃，能否在提高思想政治教育针对性、实效性等方面真正起到作用，却并不是文件本身决定的，在一定程度上，还要看教师在落实文件的过程中，是否高度关注并在实践中扫除了学生思想上的“小障碍”。

一

从“精品课程”建设到“一流课程”建设，高校思想政治教育工作一是在教材的理论深度上用功，二是在教学的实践强度上用力，产出了一大批成果。但从这些成果看，学者研究了教材，研究了教法，研究了理论本身的逻辑性、系统性、科学性，却少有人关注青年大学生的思想实际需要。客观而言，这仿佛是一个无奈的选择。一方面，不关注理论研究，教给学生的理论得不到应有的发展，显然是不合适的。另一方面，不将这种“思想实际需要”给以理论的研究和指导，而只迎合或关注学生的思想实际需要本身，又可能逐步降低教师的理论水平。因此，无奈选择的结果是，学生思想实际的需要不得不让渡给教学和研究的理论演绎。事实上，这种现象并非无人关注，正如一些学者所言，影响思想政治教育实效性的因素很多，在一些地方，形式主义、脱离实际，再加上理论研究不够深入，“唯书、唯上、不唯实”，使得思想政治教育的基础脱离现实，这应该是思想政治教育实践过程中所遭遇的突出问题和实效性困境。

学生的思想实际需要是什么？我们认为，就是学生关心的与他们的现实生活学习紧密关联的利益追求。因为“人类奋斗所争取的一切，都与他们的利益有关”。在我们从国家层面讨论和实践“为谁培养人”的时候，学生首先关注的还是他们的切身利益问题，之后才会配合我们成为国家和社会需要的人。正如马克思所言，“人们首先必须吃、喝、住、穿，然后才能从事政治、科学、艺术、宗教等等”[①]。又说，“‘思想’一旦离开‘利益’，就一定会使自己出丑”[②]。因此，关注学生的思想实际需要，应成为思想政治理论课教师的行为自觉。不能主观地认为，我们用心做出来的“饭菜”，他们“应该”都需要。

在现实生活实践中，正是因为一些思想实际需要没有得到及时应有的解决，往往成为学生思想上的“小障碍”。言其“小”，一是因为这些实际需要作为一个“问题”对于教师而言，要回答的内容并不多。比如，如何与宿舍的同学处理好人际关系？失恋了怎么办？等等。二是因为这些实际需要作为一个“困难”对于教师而言，要解决的难度并不大。比如，如何做好大学课堂的笔记？如何跟上老师讲课的节奏？言其是“障碍”，是因为这些“问题”或“困难”，对于教师来说可能很容易处理，但对于一些青年学生来说，却并不是我们想象得那么“容易”。由于思维方式和实践能力的局限，这些“问题”或“困难”可能就成为他们向前走的“绊脚石”。因此，所谓学生思想上的“小障碍”，就是指那些因思想实际需要没有得到及时解决而导致学生思想认识出现偏差的“问题”或“困难”。事实证明，这些“小障碍”如果不能得到及时的解决，可能就成为思想政治教育难起实效的“大阻碍”。毛泽东曾说过，“对于广大

① 马克思，恩格斯．马克思恩格斯选集：第三卷[M]．北京：人民出版社，1995：776.

② 马克思，恩格斯．马克思恩格斯文集：第一卷[M]．北京：人民出版社，2009：286.

群众的切身利益问题，群众的生活问题，就一点也不能疏忽，一点也不能看轻。”[①]“一切群众的实际生活问题，都是我们应当注意的问题。”[②]习近平进一步指出：“要抓住人民最关心最直接最现实的利益问题，把人民群众的小事当作我们的大事，从人民群众关心的事情做起，从让人民满意的事情抓起。”[③]因此，思想政治教育在关注宏观方向性问题的时候，一点也不能忽视学生的思想实际需要，甚至要在教学实践中花费一定的时间，专门关注学生思想上的“小障碍”。从教学实践来看，大凡教学实效性抓得比较好的学校或个人，无不在相关方面下过扎实的功夫。他们对于学生思想上的“小障碍”都有比较准确的认识和把握。

具体而言，学生思想上的“小障碍”在内容上主要关涉两个方面。一是与学习生活相关的方面，即围绕专业学习可能产生的一系列问题。其中，专业学习适应问题尤为突出。在内容上，从中学的基础性——什么都学一点，到大学的专业性——专门围绕某一学科设置专业基础课，学习的广度和深度发生了重大变化。在方法上，从中学的严格型要求到大学的宽松型要求，是一次重大的转变。一些学生很难适应这种变化，大到上课根本听不懂，小到下课不知如何跟进教师的教学进度，诸如此类的问题常常让一些学生手足无措，十分茫然。一些学校安排的专业学习指导，大多是在面上以经验介绍的方式给以引导，但针对性并不强。专业学习看似与思想政治教育一点关系也没有，但从结果看，学生因为学习困难而导致思想认识陷入误区，以致行为失范的现象时有发生，这

① 中共中央文献研究室.毛泽东 邓小平 江泽民论党的建设[M].北京:中央文献出版社,1998:20.

② 中共中央文献研究室.毛泽东 邓小平 江泽民论党的建设[M].北京:中央文献出版社,1998:21.

③ 习近平.习近平谈治国理政:第三卷[M].北京:外文出版社,2020:135.

在根本的意义上，就是思想政治教育的问题。从表象上看，学生可能认为，“我的思想没有问题，而我的专业学习有问题”。所以，他们在上思想政治理论课的时候，有紧张地做作业、看与其他专业相关的书等不当现象。他们之所以忽视老师的存在，是因为他们要用自己的方法解决自己的问题。显然，这恰恰就是思想政治教育者的工作。二是与成长环境有关的方面，即个体成长的过程中与周边环境可能产生的一系列问题。其中人际关系问题十分常见。由于学生在过去的生活经历中大多数时间专注于文化课的学习，缺少人际交往，甚至一些家长为了保证学习时间，不让自己的孩子有正常的人际交往，从而导致一些学生不懂得如何与异性交往，如何与意见不一的人交流，如何在宿舍中营造和谐人际关系，如何与辅导员或专业教师相处，等等，在社会上看来司空见惯的基本生存技能，在一些青年大学生那里可能是难题。这些都应引起我们的注意。

从具体表现上看，学生思想上的“小障碍”具有两个主要特征。一是障碍的内容具有普遍性。由于青年学生在中小学接受的教育、成长的环境、家庭教育的状态多是大同小异，所以，学生走进大学后遇到的思想上的“小障碍”，多数情况下具有内容的相似性和存在状态的广泛性等特征。虽然每个人的问题都不同，问题提出的表达方式不同，但通过一段时间的积累就会发现，学生的这些思想障碍并非个性化的存在，而是有一定的规律可循。二是障碍的发生具有随机性。因为不同的境遇和不同的生活实践，学生思想上的“小障碍”会在什么时候发生，并没有一个固定的时间和确定的内容。有时候教师主动关心学生，询问学生有没有什么问题或困难需要教师提供帮助时，学生可能都说没有。但在另一个时间里，学生又突然冒出来很多问题。独立地审视这些“小障碍”，并没有什么特别清晰的规律。一般情况下，我们只能在一个相对的时间段，预判可能会有一个问题群，但具体到某一个问题以及会在什么时候出现，不同的学生又是不同的。

二

思想政治教育工作强调的针对性，不言而喻是指教育的内容和方法要针对学生的思想实际需要。但从思想政治教育实效性还没有达到理想状态的现实看，我们的针对性还不够精准。我们用力的“针”并没有对准学生需要的“穴”。宏观而言，我们的针对性主要关涉学生的成长需要和理论学习的需要。作为主体的学生是否意识到这种需要，是否将思想政治教育工作者用心准备的内容当作自己的需要，并没有得到教育者们应有的关注。一般而言，学生走进课堂，认真学习是天经地义的，可以说，从他们第一天走进教室就开始如此了。一些教师想到的只是他们的接受程度，而很少想到他们是否愿意接受。一些教师把凡是不愿意努力或表现不好的学生都一概而论地认为是学生学习不认真，对其态度多是严肃批评。这在客观上导致了一些教师很少意识到坐在我们面前的学生是有思想、有情绪、有主观能动性的人。事实上，学生从小学到大学，走进课堂时无不带着自己丰富多彩的思想。在这些多彩的思想情绪中，难免会有一些因素导致他们的学习态度出现问题。因此，不扫清这些思想实际中的“小障碍”，思想政治教育的课堂想真切地提升实效就是一句空话。

首先，扫清这些“小障碍”可以为学生愉快地学习提供思想保障。思想政治教育有什么用？受“学以致用”观念熏陶的国人习惯于从这个角度来审视思想政治教育工作。一般的结论多从表面化的现象去回应这个问题。因为思想政治教育的作用看不见摸不着，也不大可能会立竿见影，所以，人们常常将思想政治教育误读为在做“无用功”。其实不然。思想政治教育不仅在宏观的层面回应“为谁培养人”，中观层面影响人们的“三观”，还在微观层面解决人们行为的“愿不愿”。这三个层次的划分是依据国家、社会、个人三个维度进行的，因此，其功用首先表现为鲜明的独立性。思想政治教育的作用有多大，在不同的维度可以有不同的判断。只有从宏观、中观到微观呈线性分布的系统时，其功用才表现为不可分割的相互联系，才有大小高低之分。也就是说，国家层面的“为谁培养人”的价值引领作用，社会层面的“三观”教育作用，个体行为在态度上的积极引导作用，是同一个系统中思想政治教育的不同功用。虽然看不见摸不着，但客观存在，不以人的意志为转移，个体积极的行为才能使“三观”教育成为可能，从而使“为谁培养人”获得满意的答案。换句话说，通过思想政治教育，一个大学生愿意在大学期间努力学习，树立了马克思主义的世界观、人生观、价值观，他将来一定可以成为社会主义建设者和接班人。可见，思想政治教育对个体行为的引导作用，在系统中处于基础和关键的地位。“基础不牢，地动山摇”。

在工作实践中，人们多在宏观层面和中观层面用力，有时会把微观层面的功用有意无意地忽略了，甚至认为这是学生自己的事情。用一些教师的话说，“学生的天职就是学习，还用问‘愿不愿’的问题吗?”但事实上，对于青年大学生来说，作为独立的有主观能动性的个体，其接受的教育或影响能否激发他们的自觉自愿直接影响他们的行为选择。在他们看来，“为谁培养人”主要是管理者的事情，“三观”教育主要是教师的责任。虽然这两个方面对他们都有影响，都是为他们好，但是，只有这种“好”能激发他们的自觉性，才是真正的好。也就是说，“愿不愿”才是他们最关注的事情。因此，我们经常会听到学生在接到工作指令的时候反问，“我为什么要去做？会加学分吗？”一些学者以为，这是新时代大学生“功利化”的表现，做什么都要“加学分”。一些学者对学生“逃课”“玩游戏”“抬头率低”等不认真学习的现象表示不理解，认为学生到学校就“应该”认真学习。我们常常会听到类似“现在的学生都怎么了”的诘问，却少看到学者们关注受教育者内心的需求。试想，如果一个青年大学生正在为如何与人交往，或交往中出现了问题而十分烦恼，又求助无门，他会认真听课吗？会对课堂上的价值观教育感兴趣吗？肯定不会的。这些看似青年学生思想上的“小障碍”，如果不能被及时清理，思想政治教育工作就很难展开。这种现象其实在成人世界也十分常见。即使是教育者本人，也很难快速排除这些“小障碍”而集中注意力从事手头的工作。

其次，扫清这些“小障碍”可以为学生感知社会提供正确引领。青年大学生对社会的关注是十分自觉的，不仅关注的面很广，而且多为社会热点问题。但由于生活阅历和知识储备等限制，他们的关注又往往是浅层次的。在认识方法上多表现为单向度的，常常只看到问题的一面，以点概面、以偏概全。在认识事物的结论上多表现为人云亦云，没有主见，没有新意，容易从众。认识事物不够周延，是青年学生思想认识的特点，无可厚非。但这应引起思想政治教育者的注意。正是因为学生对社会关注存在着行为的主动性、方法的单一性、结论的从众性，才使正确的引导成为必需，使思想政治教育工作能见实效成为可能。但问题在于，课堂教学往往因为教学任务没有主动结合社会热点而使得学生的关注点与思想政治教育的着力点发生错位，不仅容易使学生感到思想政治教育“无用”，而且因为不能得到及时的正确的引导，甚至被一些有问题的认识“误导”，从而使学生产生认识社会的思想上的“小障碍”。这些小障碍如不及时加以清除，就有可能反映到学生的现实生活实践中来，使他们对社会产生怀疑，甚至逆反的情绪。大学生中时不时出现的一些“愤青”“废青”“积极废人”“佛系青年”，大多因为思想认识的“小障碍”所致。因此，思想政治教育工作者应密切关注学生的思想状况，抢占思想政治教育的先机，引导他们正确认识自己所看到的各类社会问题。

最后，扫清这些“小障碍”可以为学校思想政治教育营造良好环境。马克思主义认为，人创造环境，同样，环境也创造人，说出了人与环境相互成就的关系。学校思想政治教育既要充分发挥思想政治教育的作用，为学生营造良好的成长环境服务，涵养优质的思想政治教育的环境资源，又要通过思想政治教育营造的良好环境为思想政治教育服务。单纯的课堂教学是无法营造校园思想政治教育环境的，必须是多维度多方面协同共建。只有紧紧抓住环境营造的主体，才能保证校园环境的质量。一些现象的背后，大多是学生思想认识上的“小障碍”在起作用。比如，“都大学生了，还把我们当小孩子耍”，“大学期间，学习不再重要，重要的是能力强不强”，“大学是个小社会，充满着各种你死我活的竞争，人与人之间只有永恒的竞争，没有真实的友谊”。诸如此类的认识，既有道听途说的影响，也有对现实表象的误判。说到底，这些思想认识的“小障碍”之所以会在大学生群体中潜滋暗长，甚至传播，根本上是由于大学生受社会阅历和自身知识水平的制约，没有得到及时的引导所致。不扫清这些“小障碍”，良好的校园思想政治教育环境就难以形成。

三

长期以来，安徽师范大学马克思主义学院十分注重在大学生思想政治理论课的教学过程中，关注学生思想上的“小障碍”，在理论教学和实践教学方面，尽力采用不同的方式方法，努力扫清学生思想上的“小障碍”。

2021年，适逢高校思想政治理论课“05方案”执行以来《思想道德修养与法律基础》最新修订，这是进一步贯彻落实习近平总书记2019年在学校思想政治理论课教师座谈会上的讲话精神，让不同类型的学生都爱听爱学、听懂学会，“在教学过程中进行多样化探索，通过多种方式实现教学目标”的好时机。因此，如何尽快吃透新版统编的《思想道德与法治》教材，真正做到紧扣统编教材，围绕统编教材，而又不拘泥于统编教材，编写组的同志们经过认真讨论，决定编撰系列丛书，既为吃透新教材服务，为一线教师备课和教学提供有价值的参考；又为扫清大学生思想认识上的“小障碍”服务。作为普通读物，也能为大学生学习思想政治理论课助力。

本套系列丛书有两个部分共七本。一部分是围绕《思想道德与法治》教材编撰的教辅资料。根据新教材的特征，以及对新教材的理解，我们编撰了四本参考教材。一是《〈思想道德与法治〉教学关键词》。试图通过对教材中每章节所涉及的主要关键词进行解读和拓展，为一线教师扩展教学视野提供必要帮助。这也是我们自己在教学过程中的基本做法，我们认为，抓住关键，就可以破解全局。讲好思政课，抓住关键词，是教学过程中首要的任务。二是《〈思想道德与法治〉教学十问》。本版新编教材，在不同的位置先后出现了十个“明辨”的板块，这个设置十分新颖。但由于教材的篇幅，没有进行拓展性解读。我们试图对这些“明辨”的内容进行讨论，也算是抛砖引玉。有些问题在学术界已经讨论了很多，也有一些是有了基本结论的问题，我们对其进行了必要的整理，以期为一线同仁提供必要的资料。三是《〈思想道德与法治〉实践教程》。近年来，高校思想政治理论课十分重视实践教学和教学实践，都希望提升教学针对性和实效性，不同学校不同地区都有十分有价值的成果。针对新版教材，如何为一线教师提供课堂教学实践的有益案例，是我们编写这本教辅材料的初衷。当然，我们选择的案例好不好，评析得对不对，一定是见仁见智，我们期待和同行们的交流讨论。四是《〈思想道德与法治〉“图说”典型与教学建议》。在教学实践中，要讲好思政课，一定要通过大量的典型案例和人物故事辅助呈现理论的魅力。在新版教材中，我们欣喜地看到，在教材中的不同位置先后设置了“图说”的板块，简要概述了不同典型人物和故事。这是以前的教材中没有出现过的。为了丰富这部分内容，让一线的教师较好把握这些典型，使教学更加添彩，我们把典型人物的闪光点与教材中理论阐释的重点结合起来，选取典型的精彩故事做必要拓展，并尽己所能地给出教学建议。虽是一家之言，也希冀能为一线的同行做点有益的工作。

另一部分共三本，是我个人的著作。一是《丙辉漫谈·给学生的回信》。本书收录了我于1993年至2000年期间写给学生的回信，信中所涉及的问题都是学生普遍关注的话题。二是《丙辉漫谈·青春彼岸的爱情》。本书是我在不同时期以不同方式与青年大学生讨论爱情的文字实录。三是《丙辉漫谈·哲思小语》。本书是2012年以来，我通过微博与青年大学生对话的部分内容。本书涉及的五个部分内容，是青年大学生面对现实生活，会经常遇见的思想认识“十字路口”。我试图站在这些“十字路口”，提出自己的观点，希望为青年大学生的思想认识提供必要的指引。这三本书，对于帮助大学生扫清思想认识上的“小障碍”具有一定的参考价值。如果说前面的四本教学辅导材料是从宏观层面帮助一线的教师整体把握课程教学内容，丰富教学资源做了必要的工作，那么，由我独著的这三本书，则是在微观层面，为教师把握青年大学生的思想实际，提供了有益的参考，有较好的针对性和实用性，也为青年大学生思考面临的现实问题提供有益的借鉴。

总体来说，本套丛书的目的在于试图为一线的教师吃透新版教材《思想道德与法治》在资料、教法和把握教学对象方面提供有价值的帮助；为青年大学生，特别是大学一年级的新生，奉上一套较好的课外阅读书。

我们期待同行的建设性意见。

路丙辉

二〇二二年一月十九日

前　言

人的一生应该如何度过？人生到底有什么价值？类似的问题在我走进大学的时候，就常常萦绕在心头。部分青年大学生，因为年轻，少社会阅历，少知识涵养，对于这样的问题常常是难以找到答案的。而由于没有答案，我们常常踯躅不前，愁绪满怀。所以，在我的记忆里，青春有很多快乐的时光，也有很多难熬的日子，仿佛就站在十字路口，不知何往，向哪边走都不坚定。这可能就是一些青年大学生看似在虚度光阴，实则是不知该何去何从的根本原因。心中的“成长痛”期待被人懂，可谁人能看得到呢？

一个偶然的机会，是在大二的“人生哲理”课上，我的老师钱广荣先生在课堂上要选出一名课代表作为他的教学小助手，我抛掉一个农村孩子的羞涩，鼓起勇气告诉班长，我愿意做这个课代表！从此，我跟着老师一起走进了专门讨论人生问题的思想政治教育领域，毕业后也十分凑巧地留校专门从事思想政治教育的教学和研究工作。这对于我这个从农村出来的孩子来说，真是天大的幸运！所以，从第一次走上高校思想政治教育的讲台开始，我就立志要用我在思想政治教育领域的收获不遗余力地帮助所有同我一样有过青春迷茫的青年大学生们。

于是，便有了“丙辉漫谈”这个个人创办的师生交流平台，专门利用业余时间与在校大学生交流他们关心的话题，为青年大学生的思想成长服务。先是通过课堂的互动问答，逐步积累了一些带有普遍性的问题；然后通过组织漫谈，以主题讲座和师生问答相结合的方式，为课堂教学“助攻”；后来通过书信与学生交流他们遇到的极具个性化的问题；再后来是通过自费建设的“中国辅导员”网络平台以及微博、微信等，发表个人的一些观点体会，主动和学生交流碰撞，并产生一些思想的火花，积极营造良好的师生交流氛围，继续为课堂教学“助攻”。这些为扫清学生思想上的“小障碍”而做的努力，得到了学生的积极回应，我的思政课课堂“抬头率”高了，“低头族”少了，充满精气神的青春笑脸多了，自称“佛系青年”和“废青”的少了。我仿佛看到了当初自己成长的影像，这使我更加积极主动地开展相关方面的工作。

到目前为止，“丙辉漫谈”现场版已经举办350余场次，加上线上，听众已有十万余人次；微博2300多条共计20余万字，阅读量超过两千万人次；在其他网络平台上发表的相关笔谈共计30余万字，阅读量超过千万人次。“丙辉漫谈”相关事迹先后被中央电视台、《光明日报》、《中国教育报》、《中国青年报》等国内多家重要媒体报道，先后获得“教育部校园文化建设优秀成果二等奖”“安徽省教学成果特等奖”“安徽省首届思想政治工作创新案例”等多项殊荣。

很多朋友和同行表扬我说，能坚持把一件事情做这么多年，而且做好，真的很不容易。这些表扬，使我十分惭愧。说实话，当初走上工作岗位时，我一个单身汉，做“丙辉漫谈”多少有些抱着试试看的心态，只想着把课讲好，把讲台站稳，不辜负老师的厚望，所以另辟蹊径，希望自己的才疏学浅能够得到学生的谅解和包容。从严格意义上说，我其实是个十分贪玩的人，只是我喜欢和学生在一起玩。因为我也做过学生，深刻体验过学生对老师的期待，尤其是在学生有困难的时候，老师鼓励的眼神、温暖的笑脸都可能为他们战胜困难增添勇气。而只有愿意和学生在一起玩，老师才能捕捉到学生内心的这些需要。因此，直到现在，虽然已经年过半百，但我依然不知老之将至。与学生在一起时，我忘记了自己的年龄；在青春气息的熏陶中，我忘记了自己已白发两鬓，皱纹满面。

就拿“丙辉漫谈”这个名称来说，一开始，我只是接受学生的邀请，去他们的班级里做个有主题的讲座，或者做个无主题的交流，并没有想过会有什么结果，更没有想过“丙辉漫谈”可以作为一种方式方法为高校思想政治教育工作助力。还是到了2004年，我有机会兼职做我校2002级政治系246个学生的辅导员，我的学生们把我为他们开的主题班会起了这个名字时，这才开始正式有了“丙辉漫谈”这个名称。从此，“丙辉漫谈”成为我从事思想政治教育工作不可或缺的一部分。因此，与其说是坚持，不如说是我碰巧“玩对了”。也正因为如此，我从没有感受到职业倦怠，满满的人生乐趣让我忘乎所以。当然，如果一定要说其间是有深刻思考的话，那应该归功于我在本科阶段比较认真地研读了四卷本的《毛泽东选集》，以及在学生社团的工作经历，这使我比较深刻地理解了党的群众路线对于思想政治教育工作的价值。和学生一起玩，其实就是在走群众路线。实事求是地说，我们的思想政治教育工作绝不是坐在书桌旁，敲键盘、做课件、写论文就能完成任务的。

除了幸运地选择了群众路线这个有效的方法之外，我还深刻地受到了父母的影响。我的父亲是一名乡村医生，母亲是一位农村妇女，目不识丁。但他们和天下所有的父母一样，勤劳而朴实。他们有一个习惯那就是喜欢积攒一些看起来不起眼，却经常在使用的时候就十分需要的东西。比如家庭生活中常见的塑料袋、针头线脑、旧衣服、好看的空瓶子，甚至是春天从树上砍下来的比较直而粗的树枝，都会被他们很好地保存起来。他们常说："别看现在用不着，到你想用的时候，就有价值了。要是扔了，想找就找不着了。"尽管很多的"珍藏"后来都没有派上用场，不得不在一次次搬家的时候被"忍痛割爱"，但这样的习惯一直保持到他们永远地离开我。幸运的是，父母喜欢"收藏"的习惯使我从小就耳濡目染，并深深地影响了我后来的工作和生活。我把每次"丙辉漫谈"后半部分学生提问的纸条都较为完整地保存了起来，至今已经积累了万余条。20世纪90年代，我给学生的一些回信也被复印保留了下来。有了微博和微信以后，我又充分地利用零碎的时间将点点滴滴的思考保留了下来，这便有了现在呈现在各位眼前的三本文稿。

本次整理的《丙辉漫谈·给学生的回信》《丙辉漫谈·哲思小语》《丙辉漫谈·青春彼岸的爱情》，只是我三十年来业余工作的一部分。整理的过程，也是回忆的过程。一些当时的场景历历在目，真是人生的一大快事。尤其是一些文字，我还会在整理时通过微信发给当事人看，他们也感到十分惊讶，惊讶于我的"收藏"本领，这勾起了他们愉快的回忆。当然，读者可能无法体验这种快乐，但是分享这些思想火花，或许对读者思考相关的问题小有裨益。这正是我乐于整理的动力。

总结起来说，因为遇到了人生导师，我幸运地走上了思想政治教育工作之路；因为研读了《毛泽东选集》，我幸运地选择了群众路线；因为深受父母的影响，我幸运地保留了三十年工作的足迹，从而有了现在的这三本文稿。三个幸运，一路走来，仿佛珍藏的一粒粒"珍珠"，也成就了我的今天。这些珍珠，如果单独拿出来，可能一钱不值。现在，通过“丙辉漫谈”这条主线将它们串起来，做成一个物件，希望够起到“好看、好用、好玩”的作用，能够在青年大学生和一线教师那里，获得好收成。

路丙辉

二〇二二年一月二十六日

目　录

第一编 人生困惑

我是一名师范生，经过了解得知，教师的工资待遇和社会地位都不高，只是自以为的“精神上的贵族”，一年才三千六百块钱。在我们乡，曾有一个乡长，当着其他老师的面就让一个老师下岗。我想要过上潇洒的日子，能够结婚生子，吃得上大鱼大肉，买得起高档名牌，而这些都需要很多钱。我本不想当教师，但又没有办法，高考考的是师范专业。现在，现实和“理想”在我心里激烈战斗，我不知道该怎么办，请您帮帮我。

你的主要意思是说教师没有多少钱，只够糊口。我可不这么看，“一年三千六百块”，可真不是个小数字。要结婚，但结婚不一定要花太多的钱，这主要还是在于你自己。要生活，但并不一定每一顿都是大鱼大肉，每件衣服都是高档的，每样家具都是名牌的。要潇洒，但潇洒并不是指大把地花钱或是挥金如土。我觉得在你的思想里，对于结婚、生活、潇洒之类的理解太狭隘，要知道这些虽然与钱有关系，但是没有一个固定的标准。

“精神上的贵族”如果有的话，也是人们的一种生活方式，生活内容的本身就包括物质和精神两个方面，只是不同生活观念的人所追求的不同而已。我想这是无可厚非的，在物质生活基本得到保障的情况下，注重精神生活可以使一个人活得充实，从而会感受到生活的幸福。相反，过分地追求物质的生活，而没有相应的精神生活与之相适应，这种人难免会感到空虚无聊。

我们看待一个问题不能只看表面的现象，而应看其实质，否则就容易出现偏差，就容易出现主观性太强的错误，就容易人云亦云，就容易使自己的思想缺乏深度。

一个可以随便让教师下岗的乡长不是一个好乡长，好在这样骄横的乡长现在已经没有了。一个轻易能“被下岗”的老师，可能也不是一个好老师。你既然考上了师范生，将来就可能当老师。但我想，不管将来如何，在校期间都要认真读书，先把专业知识学好，将来做什么都有立足之本，安心学习应该是你当前首要的任务，不要心浮气躁。

我已经入学一年多了，看到同学们都有着各自的事情和成绩，而我却什么也没有，有种失魂落魄、无所适从之感，就像正处在人生低谷期一样，每天过得没有意思，情绪波动很大，也不知道该做些什么。您在上课的时候充满自信，慷慨激昂的样子，令我如沐春风，钦佩不已。因此，我想请教您，该如何实现自我，实现人生理想与价值呢？

在我看来，人的发展是曲线上升的，人的每一次大的进步都是在经过一个较长时间的积累之后才可以实现的。正如考上大学这样一个大的飞跃，是在“十年寒窗”之后才有的成果。要成为一个合格的大学生，要使自己每天都既轻松又充实，你就必须要经过一个不断摸索、不断总结、不断实践的过程。这就是马克思主义告诉我们的质量互变规律的客观反映。你现在之所以有失魂落魄、无所适从之感，认为正处在人生低谷期，我想原因就在于你抹杀了这样一个过程。其实将来毕业，走上工作岗位，你将会再现这样的一个过程，只不过那时要比现在更高一级了。

因此你现在的情绪波动是正常的，不要心急，先耐住性子看些书，学点东西，渐渐就会好起来。为了更好地度过现在这段令人不愉快的日子，你不妨制订一个小计划，比如从明天开始认真地读一读名家作品。坚持一段时间后，你再回头看看就会知道该“如何实现自我，实现人生理想与价值”了。

祝你愉快。

老师好，我现在每天课程很多，还有学院、学校组织的各种活动要去参加，就像是一个提线木偶似的。我感到一种从未有过的空虚和无聊，过得很没有意思，这根本不是我想要的那种无忧无虑的大学生活，请您帮帮我。

我想你现在的生活一定很累，因为你“感到一种从未有过的空虚和无聊”。你这是对大学的认识出现了偏差。大学的“无忧无虑”是在掌握了一定的专业知识之后才会有的，所以你现在只有认真地学习好专业知识，其他的别无选择。

老师，我现在觉得大学生活很没意思，看着班级里那些踌躇满志向更高目标进军的同学们，我感到失落和自卑。但是，我也想拥有他们那样五彩缤纷和诗情画意的生活，只是我没有任何特长和优点，也不知道该从哪开始，您能帮帮我吗？

生活的“五彩缤纷”和“诗情画意”并不是一个目不识丁的人可以创造和拥有的，而是由拥有一定的知识修养和品德修养的人才可以创造和拥有的。因为知识和品德等方面的修养首先教会人们的是创造生活。

大学的生活的确是“五彩缤纷”和“诗情画意”的，但并不是每个人都能拥有，只有那些拥有一定专业知识和技能，以及较多方面的修养的人才会拥有。

对于你和你的同学来说，大家现在都站在同一条起跑线上，但谁会成为优胜者得由自己来决定。因此我认为与其在那里“失落和自卑”，不如奋力拼搏，迎头赶上“那些踌躇满志向更高目标进军的同学们”。人生能有几回搏？奋斗吧！

我是一位来自农村的大学生。上大学后，我深深感受到了我与城里人的差距。有些知识，我听都没有听过，城里的大学生却都已经熟练掌握了。因此，在激烈的社会竞争中，我感觉力不从心，我们农村人远远落后于城里人。这并不是努力就能解决的，而是先天就落后了，这很不公平。老师您怎么看？

不能否认你所说的这些现象确实存在，尤其像我们这些农村人看了心理有压力。一方面，现在的城里人，很多当初也是农村人，你如果努力，将来也会成为城里人。另一方面，从社会本身发展的角度来说，国家的加速发展必须融入竞争机制，在充满竞争的社会中强者胜、弱者败，这种现象的存在应该说有它合理的一面。先天的落后，只是宿命论的观点。在当代，面对改革发展的大潮，青年应当敢于挑战宿命论，要像贝多芬那样，掐住命运的喉咙，奋起拼搏。从来没有天然的公平，社会的公平可以在制度上、宏观上实现，而现实生活中的公正是需要通过努力去争取的。比如，同样是教师，由于各自的努力不同，讲同样的课，学生的接受度却不同，你能说这不公平吗？因此，不必遑论公平，安心努力奋斗，将来必定光明。

老师好，我是一名默默无闻的学生。我平常在班级不怎么表现，就想着自己做好自己的事情，不打扰他人，也不想他人打扰我。有时候，我会疑惑这样会不会太自私了，只为自己，只想着自己，您觉得呢？

我不晓得你是怎样理解“自私”这个概念的，如果发展自己，丰富自身，不为外界环境所左右，不随大流也是“自私”的话，那么我认为这样的“自私”是值得提倡的。你不欠别人什么，何必在意别人的眼光？只是在集体中生活，过于沉默并不好，会让同学误解你不喜欢他们，融入集体也可以使自己获得良好的生活氛围，是必要的。这跟是否自私无关。

我是一名非常普通的学生。由于相貌不好看，上大学后，我没有几个朋友，甚至有时候能感到别人投来的异样目光，我感到很自卑。看到那些好看的同学都有很多朋友，我就更加难过。我在高中时也曾有过几位值得怀念和感激的朋友，没想到大学以后却变成了这样，越来越自卑。老师，您能开导开导我吗？

首先，我真想象不出你描绘出的自己是什么样的，但我能体会到你被世俗的眼光逼得太累的情景。说真的，我看看我自己，深感自己不能找到最合适的话来安慰你，给你勇气，因为我知道勇气和自信一样，不是靠别人给予的，而是人自身的情感体验。如果一个人没有自信，他便没有朋友。正如古语所云："弱国无外交。"这种自信的资本不独是上天赋予人们的容貌，还有后天通过学习获得的知识才干以及因此而展现出的风度和气质。如果你曾有过的这几位使你怀念和感激的朋友，不是因为你的内涵和自信，而是同情、怜悯抑或是无友可寻时才给你一份爱，这种友情也是靠不住的。人们选择友人固然兼顾外貌，但随着年龄的增长，人们会摒弃这种极其附带感性的选择，而越来越理智地注重内在。何必因为稚气的眼光中没有留下你的身影而沮丧，何不为将来在深邃的目光中留下深刻的印象而努力呢？

您总是鼓励我们去勇敢地交往，可以发现不同的人。可在我看来，十个人看云是白色，一个人观云也是白色。有多少人值得我们交往呢？

就颜色而言这是无可争辩的。但就云的其他特点而言，一个人看和十个人看绝对是不同的，不是吗？正如对于一个问题的看法，一个人的观点往往失之偏颇，十个人的观点加在一起却常常比较全面，这是相同的道理。因此应该大胆地交往，而不要还没交往就先设想一大堆麻烦，这种“主观主义”是要不得的。要想知道梨子的滋味，得先亲口尝一尝。只有交往了，才知道是否值得。

同学们总是三五成群地一窝蜂去做一件事，而我偏偏不爱去凑那个热闹，与他们“同流合污”。我觉得这是不随波逐流，可又听到有同学嘲讽我是平庸的流水，他们是“砥柱”的中流。听了之后，我挺害怕的，难道我真的是庸庸碌碌的人吗？老师您怎么看？

试想滚滚长江如果没有“流水”，只有“中流”会是怎样的一种景象？此“汹流”也，非中流也。不随波逐流是好事，正如“出污泥而不染”一样，无可厚非，可是没有污泥的养分，何来莲藕飘香？所以我想，所谓“随波逐流”不可与同流合污混为一谈。许多人以为不随波逐流，就是脱离尘世的喧闹与痛苦，其实不然。自我追寻一种宁静的去处，试问没有喧闹何来宁静，没有庸俗何来高雅？在我看来，所谓不随波逐流，并不是世人皆醉我独醒的一种清高，而是生活于尘世，却善于从中吸取养分，无论何时都不忘上进的一种追求。

你的害怕何来？是否认识上的不妥所致？

供参考。

人们总说要多多锻炼自己，积累工作经验，为毕业进入社会做好准备。那么，我们现在要怎样做才能积累经验呢？

我认为，做好每一件事，然后认真思考是怎么做的，形成一定的理性认识即经验，就是为将来走上社会所做的最好的准备。

对现实中有些看不惯的事情，该不该指出？另外，自己怎么做才会令人满意？

对现实中有些看不惯的事情，如果指出之后能有效果，有作用，就该指出，如果说了没用，就不如不说。

这样做会令人满意：严以律己，宽以待人；己所不欲，勿施于人。

切实做到，定有收获。

老师，我特别喜欢穿最新款式的衣服，买最新款式的东西，比较追求新鲜感。您觉得这样追求物质财富是一种有价值的事吗？

喜欢新，是人之常情，未必是追求物质财富。你喜欢追求新款式的衣服和其他物品，应该是因为你家庭条件还不错。如果经济条件宽裕，追求一些物质上的富有，无可厚非。但就价值追求来说，人还必须注重精神的追求，这不是为了赶时髦，而是作为人本身的一种需要。

我明白自己的身体素质差，虽努力锻炼，但结果令人沮丧，所以心中深恨是谁想出的要达标[1]的主意？其实关键在于大家是否努力而不在于结果对吗？

身体是革命的本钱，你真该感谢那位出“馊主意”的人，遗憾的是那人不是我。

对一半，如果不需要达标，你还会经常注意锻炼吗？

难说。因此，错一半。

我对未来感到茫然，不知道将来情况会是怎样，也不知道毕业后想干什么，没有一个明确的人生目标，只知道大学四年当学好、玩好，但总要有一个奋斗目标的。老师，我现在考虑毕业后的情况是否早了点？

谁也不知道明天将会有什么事情发生，更何况四年之后的前途？但有一点可以肯定，现在得学点东西，免得将来吃不饱肚子倒是实实在

① 达标，是当时学校对学生身体锻炼的一项要求。每个在校学生都需要在体育方面达到一定的水平，否则，体育成绩为不合格。

在的。

奋斗目标不是想出来的，而是在实践中逐步确立的，只要努力学习——这就是实践——就会有奋斗目标。

听那些已进入社会上的人讲，社会上到处都是坑蒙拐骗、欺诈勒索。但我们学生不论是从书本和电视上看到的，还是亲身经历的，都是好人多。从没见过这些坏现象，请问为什么会有两种截然不同的看法？我们进入社会以后，是不是有一个很长的适应过程？

其实不是两种截然不同的看法，而是无数种截然不同的看法，因为每个人的亲身经历和生活体验都不尽相同。别人那么说可能是一种夸张手法，这也是汉语的妙处。比如说"某地是个贼城"，听的人可能立即会想象出该地到处是小偷。但事实上这是一种夸张的说法，所谓"到处都是坑蒙拐骗、欺诈勒索"的说法不过是耸人听闻的个人言论而已。好让人们知道，他自己已经饱尝人世沧桑了，其实，他自己也知道，根本没有那么不堪。

进入社会后，适应的过程是肯定免不了的，因为毕竟是从一个熟悉的环境到一个陌生的环境，而时间的长短得看你适应能力的强弱了。

“人比人，气死人，大千世界丰富多彩，不同的人有不同的活动，只要自己觉得愉快，那就比什么都强。”这句话有道理吗？我们要不要以“自己愉快”为人生的最高境界？

马克思说：有所作为是人生的最高境界。我相信这句话，因为“有所作为”也是为了满足人自身的需要，如果能有所作为，不仅你自己会很愉快，同时也能使别人愉快。因此，仅仅以“自己愉快”为人生的最高境界不全面，自己的行为活动不仅使自己愉快，也使别人愉快，我想这才是值得追求的一种人生境界。

不知道如何选择自己的未来，因为不知道守得清贫做学问究竟是一种高尚的行为，还是一种无力面对时代挑战的软弱表现？抑或是一种平常的选择，和其他选择并无什么区别？

对于未来的选择，要看自身的素质和需要，还要考虑到社会需要、家庭条件等客观因素，应该说是多种因素共同影响下的结果，但主要的是自身因素。

守得清贫做学问既不能说是一种高尚的行为，也不能说是一种无力面对时代挑战的软弱表现。这首先是一种社会需要，社会分工的需要。随着社会的发展，做学问不一定就要守清贫。“守得清贫做学问”只是一定时代的产物，与其他选择只有职业种类的不同，应该是没有什么别的区别，何况它是“正常的选择”，而不能说是“平常的选择”。

老师好，我现在每天都很担心自己四年后毕业找不到工作，害怕自己大学四年碌碌无为，学不到什么本事，压力好大。

如果这种可怕的想法使你茶饭不思，厌倦读书，我劝你还是少想得好。四年还遥远得很呢，何必这样操心！如果这种想法使你每天都积极生活，认真学习，倒可以多想一些。无益于自己身心健康的，不做，无益于自己心情愉快的，不想，应该成为一种生活的准则，你看怎么样？

老师好，请问我未来找工作需要考虑哪些因素？

这一般要考虑两个因素：一是自身的个性、喜好、知识水平等内部条件，二是家庭、社会环境所能提供的外部条件。

我每天的生活似乎都很充实，可是每天晚上躺在床上静静思考，问一句"这是不是自己想要的"，便又茫然起来。总觉得生活不该仅仅是读书，可我又少了些什么呢？

应该说你的这个问句是不恰当的，应该这样问："这是不是在为将来我所要的打基础呢？"因为每天晚上，你都要准备面对未来，而不是仅仅停留在即将过去的日子里。这是不是自己想要的，已经由不得你是否愿意了。反思的价值在于总结得失，为未来的日子里扬长避短奠定基础。因此，反思是有必要的，但必须面对明天。生活不该仅仅是读书，还有工作等等，但这些内容并不是同时可以得到的，而是在人生的长路上不断得到的。人生有很多驿站，我们从每个驿站得到相应补充，从而走完全程。

你缺少的是面对现实的想法和做法，加油，祝你成功！

我平时在班级里默默无闻，没有什么勇气去积极表现，可是看到同学们做的事情，我感觉自己也会，只是没有去做而已。我感觉有些苦恼，想要去做去表现，但是又没有勇气毛遂自荐，害怕自己做不好被别人嘲笑，老师我该怎么办？

这可能与你性格比较内向有关系，不太爱说话，再就是可能与你的认识有关系，认为毛遂自荐会被别人议论，成功了还好，不成功呢，怕别人说闲话，又顾虑接受你自荐的人，会认为你有什么野心或者私心。因为有这许多顾虑，所以你才放不开，才缺乏勇气和决心。我认为这种认识是欠妥的，世界太大，人口太多，每个人都有自己的长处，可自己不说不做，不寻找表现的机会，别人怎么会知道呢？人生要经历许多事情，人的社会阅历也是在解决这许多事情的过程中逐渐增加的。因此，现在如果有机会，有条件，你还是应当鼓起勇气，大胆尝试。

上了大学后，理想中的我学习努力，成绩应该很优秀才对，可是我现在成绩一般般。理想与现实的矛盾让我情绪波动大，容易生气和失落，您说我该怎么办呢？

情绪波动大，是因为心理不平衡。心理调节的第一步是找到心理不平衡的原因，然后根据情况进行自我调适。比如有朋友与自己闹了矛盾而引起的情绪波动，你可以安慰自己，没关系，朋友之间有一些摩擦是正常的，舌头和牙齿还打架呢。如此等等，若干次调试会使心情平稳起来的。

理想与现实常处于矛盾对立中，这是再正常不过的现象了，如果它们不处于矛盾对立中，这个世界就不存在进步了。社会的发展和人的每一次进步都是在解决各种对立的矛盾之后才得以实现的。比如你想成为班级学习尖子，可目前的现实情况是你的成绩尚处于中游，要想使这种理想与现实不矛盾，只有努力争取，而这一矛盾的存在是客观的，不以人的意志为转移的。因此，你完全应该充满信心去直面生活，大可不必心理失衡。

我现在觉得很没劲，生活没有盼头。我明明是朝着自己的理想前进，为了实现理想不断在努力，每天都没有浪费，都在做着自己的事情。可是，为什么我还是感到无力，甚至快要失去生活的动力？

有两种情况是可以考虑的，一是你感觉所做的事与自己要实现的理想不在同一轨道上，二是你的理想的确立缺乏科学性。前者会使自己厌倦，因为年轻人都急于想实现自己的理想，不愿为其他的事物侵扰。后者会使自己活得很累，因为理想太高，太脱离现实，或者自己缺乏足够的毅力而没有尽快实现的希望，总是伴随着努力和失望生活，所以才没劲。解决的办法是重新检查一下自己确立的理想是否基于现实的基础上，是否有实现的可能性。再就是要正确对待日常的事务，无论你将来成为什么样的人，现在所做的每一件事对自己都是有益的。因为人的逐渐成熟是在社会阅历的不断增加之后实现的，而社会阅历的增加就是通过许多事务的处理实现的，因此，你应当振奋精神，直面生活。

请问面对生活中的失落感和紧迫感，该怎么做才能达到自己的理想状态呢？老师，您可以介绍一下你的人生体会和感受吗？

不知你的失落与紧迫因何而有？也许是因为来到这新的环境，没有了昨日的辉煌而失落吧，因为失落而不甘心才紧张吧？如果是这样，那还不简单吗？昨日的辉煌已成过去，好汉不提当年勇，失落何来？面对紧迫感，除了踏实认真地干，还有别的捷径吗？

我的人生尚有至少三十多年的光阴未过，如何告诉你我的人生感受呢？

请问老师，大学生努力的目标是什么？

我觉得大学生的努力目标大致应有两个方向，一是专业学习的目标，二是自我发展的目标。如果这两个目标不能一致，当轻重得当；如果一致当然最理想。专业学习的目标当根据学习的情况而定，自我发展的目标是在对自己有较为准确的认识基础上建立的。

我想你不会忘记你给我写的那么长的烦恼书，因为没有个别主题，我就不一一回复了，总结起来给你几个建议[①]。

第一，作为班干必须具备一种素质——受得住委屈。同学们对班干有些偏见或者是心存不服，这些都是开始时的客观现象。消除偏见和不服的办法是踏实工作，不计得失，不计名利，光明磊落，保证每项工作在你这个环节上不出现失误。

第二，学会容人，无论什么人都能容得下，要有一股韧劲。即使那些令人讨厌的人也要能容得下，因为你是在为集体做事，情感上合不来那是个人的事，工作上合不来将影响集体。个人必须服从集体。

第三，学会工作方法。工作之前要多思考，多请教，多倾听群众意见；工作之中要积极、热情、果断；工作之后要认真做好批评与自我批评，做必要的总结。

① 这是给一位学生干部的回信。这位同学因为能力和方法上都有一些欠缺，导致做了大量的工作，付出了很多劳动却得不到同学的理解而感到十分苦恼。这种现象在当前的学生干部中依然大量存在。所以这封回信对于一些学生干部同学来说有一定的参考价值。回信能够大致反映出这位同学的来信内容，因此不再现当时的来信。这样反而有益于正在工作中的干部同学联系实际，有针对性地解决自己工作中存在的问题。

同学的圈子犹如围城，而我站在外面左右为难，该怎么办？

在我看来，树立自身良好形象是获得走进任何一个围城的门票，你说你该咋办？

如何对待父母望子成龙之心？

理解父母的良苦用心，但也要走有自己特色的“成龙”之路。

我们为什么努力奋斗，为了活着，还是为了快乐？

罗兰说：人们这样奋斗，一是为了使自己快乐，一是为了使自己觉得安全。

她还说：要求快乐与安全是人的天性，而不是为了后天的教条，后天的教条也无非是教我们如何去求得快乐与安全。

她还说：奋斗并不是别人勉强你去奋斗，而是你自己内心里天然有一股力量，希望自己活得成功而光明。

她还说：人是自然的产物。顺应自然所给予我们的力争上游的天性，以使自己度过较为快乐的一生。这就是一切向善向上的原动力，无需什

么大道理来逼迫我们。天然的力量胜过一切人为的训条。(摘自《罗兰小语》[①])

我说：此言极是，供参考。

老师好，我现在受到了爱情挫折，感觉很困惑，向您求教。我一直很喜欢一个女生，前几天鼓起勇气写信给她，她回复了，但是大意是她想要专心学习，没有谈恋爱的意愿。我便再次写信给她，说我们可以先做好朋友，但是她没有再回信给我了。我现在很难过，我该怎么办？

我很同情你目前的情感困惑。不过我想说，要相信爱情和婚姻是一样的，可遇不可求。我们常常爱一个人，而这个人却并不爱我们，这是很正常的现象。情感是不可强求的，所以有"强扭的瓜不甜"的说法。新的生活将会改变你原来的观念和情感，男子汉当能拿得起放得下，"天涯何处无芳草"？

祝愉快！

从人生存在的意义认识人生本质有何不合理因素？实现自我价值与实现公共社会价值能否同存？

①《罗兰小语》是台湾省著名女作家罗兰女士的作品，是20世纪90年代比较畅销的一本书，其中的一些关于人生和社会的认识很受青年人欢迎。

不能说从人生存在的意义认识人生本质有什么不合理因素。我们说人生的本质就是认识和改造世界，也是很大程度上从人生存在的意义上来认识人生本质的，这没有什么不合理。问题在于对于人生本质的认识，应该是积极向上的，是有益于人前进的，同时又符合真理的内容。

实现自我价值与实现公共社会价值能同存，而且必须是这样。如果自我价值的实现，不以公共社会价值为基础，那么自我价值是十分微弱的。因为人的自我价值必须得到社会承认才能成为现实，正如商品只有被人购买了才能实现自身价值一样。

我时常觉得自己不能坚定地信仰自己的信条，不能为自己的理想始终如一地奋斗。这该怎么办呢？

不能坚定地信仰自己的信条，是因为你缺乏自信。其主要根源是你不能很好地了解自己的长处和短处，因此常常觉得自己不如人家，对自己总持怀疑态度。克服这种心理，要学会反观自身，即用第三者的眼光来看自己，解剖自己，肯定长处，承认不足，在行为上扬长避短，并且学会逐步地改掉前面的不良个性和习惯等。另外，不要随便把自己跟人家比较，你要相信自己的东西定然也有存在的合理性和价值，只要这些信条是无害于他人的就行。

至于不能为自己的理想始终如一地奋斗，可能是这样的两种情况阻碍了你：一是耐力不够，缺乏恒心；二是把实现自己理想的分目标定得不太恰当，太高了容易失去信心，太低了容易滋生倦怠心理。如果是前者，你要学会加强这方面的锻炼，比如每天坚持锻炼身体或其他的某一件事，要持之以恒。如果是后者，你就要调整你的目标，要结合自己和周围的客观条件，制订比较符合自己实际的目标。

古人旅游喜欢在名胜处题名留念，今人能这样做吗？如果不能这样做，当我们成为古人时，后人又怎样去欣赏我们的遗迹呢？

古人喜欢题名留念，我想可能是由这样的客观条件所致。一是景点没有人管理。古代的交通工具，你是知道的，旅游的人不会像现在这样多。一般都是些名门望族、达官显贵之人，他们到一地，一般不会只是一个人，多是前呼后拥，自然有人捧场、奉迎。现在你在景点看到的古人题名，一般都是些古代著名人物，有史可考的，而不是无论什么人的东西都能成为我们今天的“景点”。

今人可不可以像古人那样呢？我想肯定不可以，要是可以的话，景点会碑刻林立，原貌荡然无存，所以必须有统一的管理。而我们的遗迹怎样让人欣赏呢？首先要问我们可值得后人欣赏，如果值得，自不必我们自己考虑，比如林散之，中国著名书法家，当代草圣，曾多次到过马鞍山的采石矶。当时并没有留下什么遗迹，而如今他逝世之后，在马鞍山的采石矶，我们却看到了林散之的纪念馆。

为什么很多大四准毕业生对未来毫无把握，都有走一步看一步的想法，老师能帮我分析下原因吗？

简单地说，因为他们无法预料自己的饭碗会被放在谁家的饭桌上。走一步看一步是因为百无聊赖，没办法。其原因有两个方面，一是对自己缺乏信心，二是对外界客观条件缺乏认知。对自己缺乏信心，是因为自己在专业水平上不理想，认为自己内部条件不充分，面对优胜劣汰的竞争，把握不大。从这一点看，现在的在校生抓住时间丰富和发展自己是十分必要的。对外界客观条件缺乏认知，这是许多大学毕业生都存在的问题。在书堆中跋涉了十几年，从没有深入过社会，看到的都是皮毛、表层的东西，平时也缺乏实践的锻炼，即将面对社会，心中都有或多或少的恐惧感，不晓得怎么做。就拿人际关系来说，许多人都只听说社会上人际关系很复杂，自己没见识过，有些人就带着这种恐惧的心理踏上社会。另外，目前的分配主要提倡自主择业，双向分配①，有不少人没有门路，很是自卑，这也是他们走一步看一步的原因之一。

人生有太多的问题，必须独自去面对，有时发现自己只是一个人，真有种绝望的感觉，不能去面对那么多，这是不是初涉人生的必然？

① 双向分配是20世纪90年代高校毕业生分配的一种方式。一是由学生自己联系用人单位，到学校来报备，学校分配派遣；一是由用人单位到学校来招收毕业生，学校根据学生情况，选择符合用人单位的学生，分配派遣。

应该说这是任何一个爱好思考的人初涉人生的必然。在此之前，我们都是有许多爱我们的人帮助我们，但随着自己的进步，他们的帮助越来越少了，更多的事情需要自己去面对。这并不是外因导致的结果，而是一种规律，一种客观的现象，许多事情只能依靠自己，就像当初考大学，关心我们的人也只能起到外因的作用，真正起作用的还是自己。

因此当你“面对那么多”的时候，首先要想到自己已经是个成年人了，必须自己去面对一切才能自立，其次要想到自己并不是孤立无援的。有许多事我们自己没法解决，必须求助于人。希望得到别人的帮助，这是每个人都有的欲望，这个世界就是一个“人人为我，我为人人”的世界。所以你大可不必绝望，这样想，不仅可怕，而且不切实际。

老师，我经常觉得没意思，懒洋洋的，做很多事情都三分钟热度，干不长，咋办？

究其原因，一是你可能缺乏毅力，二是对所做的事缺乏认识。因此，我建议你必须锻炼你的个性，培养毅力，长时间坚持做一件事，从不间断。要知道这种培养对你来说是十分必要的，否则将可能影响你一辈子。如果对一件事的意义、目的缺乏认识，常常做到一半就会丧失信心。因此，做一件事之前，充分认识它的意义、目的是必要的。当然，这可能还与你没有责任感有关系。因为你还没有对一些事情负责，也不用担当什么，一个人吃饱全家不饿的单身生活，无所谓对什么负责，就可能出现慵懒的状态。这需要你在生活中学会生活、热爱生活，在火热的生活中体验生活的快乐。

我现在时常觉得周围的人和事都很复杂，觉得自己很幼稚，这是不是因为我还很不成熟或是对一切抱有的希望太大了？不知道这种状态要持续多久，我很苦恼。

我觉得你应该为自己正逐渐走向成熟而感到高兴，人本来就是立体的、多层次的，而不是像我们幼年时那样，只知道谁是好人，谁是坏人。不是你对一切抱有的希望太大了，而是你头脑中本来的观念还没有跟上，你现在不必担心，随着生活阅历的增加，实践经验的不断丰富，你的认识和实践渐渐就会同步的。要知道每个人都是从童年走向青年的，何必觉得自己幼稚？大可不必失望。正是因为每个人都是复杂的、立体的，才会使人类社会变得如此丰富，生活才会如此多彩啊！

老师，上了大学以后遇到的很多事，让自己感到沮丧和委屈，时常感到自己很孤独，感觉和高中的自己差别很大。我以前觉得自己是条大鱼，高考考了485分，还算可以，现在就是条小鱼了。不过我现在也想清楚了，成就伟业者就是孤独的，我要力争考研，只有孤独才能安静地想自己的未来。我现在已逐渐形成了一个计划，我一定会成功的。

首先谢谢你的信任。

读完你的信，我感觉有两点你可能做不到。至少，我不大相信：你说要力争考研，还要接受孤独。我之所以不相信，是因为你说的这些可能是气话，是感到“沮丧和委屈”之后说的这样的话。

另外，我觉得你对于“大鱼”和“小鱼”的认识有局限，对孤独的认识有不足之处。你曾经是条“大鱼”那是因为那河小，你现在感觉是条“小鱼”，那是因为你在大海里。巨鲸对于小河来说是庞大的，而对于大海，它不过是条游来游去的小鱼，它的大只是相对于那些鱼虾而言的。相对于485分以下的同学来说，你的分数的确较高，在中文系这个海湾里，你是条大鱼。再说这分数能说明的是你对于高中教材掌握的程度，可对于一个大学生来说，是十分不够的。无论多少分，现在大家都站在相同的起点，无论历史多么辉煌，都不能说明明天会如何，唯一可以依靠的是今天的努力程度。

我觉得在你心里还有一个东西，就是在心理失衡的时候，努力想平衡的那种东西。如果我没有猜错的话，在学习之外，你可能还发现了一些你不如别人的地方。高中的时候，你的成绩一定是十分优秀的，让同学们都带着羡慕的眼光看你，什么活动你都能来两下，即使不好也会赢得掌声，可是现在环境不同了，周围的人也不同，人家可能成绩没你好，但别的比你强。应该说，在大学这是十分正常的，可你不大愿意接受这种事实，甚至会在心底深处说，那有什么了不起，他的成绩差，分数没有我高。或许在你的周围来来去去的都是那些除学习之外能力都比你强的人，或许现在再没有人像家乡的亲朋师友们为你的分数而惊诧和称赞不已，于是你感到了自己在别人的眼中无足轻重，自尊心又告诉你要自尊，于是你想到了考研，想到了孤独。

如果你真的如我所说，我认为你对自尊的理解是不妥的，在我看来，一个自尊的人，是十分谦虚而自信的。他非常善于学习别人的长处，而不是对别人的长处视而不见或故意贬低。他非常相信自己的能力，在学习中他相信自己比别人强，而不是拿自己的长处去比别人的短处，或拿自己的短处去比别人的长处。自尊的人是一向实事求是的，不仅对自己，对别人也一样。因为这样才不会对自己或对别人出现认识偏差，才有益于“知己知彼，百战不殆”。

再谈孤独，你信中关于孤独的理解有一点是不妥的。孤独并不仅仅是一个人独来独往。成就伟业者是孤独的，但那是心灵的孤独，因为他所追求的事业往往不容易被别人接受。但他又不是孤独的，因为想要成就一番事业只靠一个人是不够的，还必须有一群人能够为他的事业提供必要的支持。纵观古今中外，凡有成就者，都必定是善于知人，善于用人，善于团结一切可以团结的人的。因此，在你感觉孤独时，在你不断前进时，你都必须注意团结周围的人。他们给予你的，往往比你从书本上学的东西还要多。

当然我是非常赞成你“已逐渐形成了一个计划”，也盼你能够走向成功。

欢迎你及其他同学到我的小屋来做客。

老师，身边有人跟我说，做事情要三思而后行，可是我觉得谨慎小心就是没有活力，犹犹豫豫也不是我的风格。做事情一定要谨慎小心吗？

在我看来，三思而行、谨慎小心与做事果断、充满青春活力是不矛盾的，因为三思而行，是在作出决定之前，做事果断是在作出决定之后。但三思而行、谨慎小心与谨小慎微、前怕狼后怕虎、优柔寡断是不同的，前者是指遇事冷静周密，不鲁莽不被动，而后者却多是小家子气，看似思考周全却不能抓住要害，结果是什么都想照顾，什么也照顾不到。我觉得你可能没有正确理解这些概念，告诫你的人也没有说清楚，现在当重新认识，“重新做人”，相信你会找回充满自信的你。

老友：

你好！

已有两三个月没见了，祝你一切安好！初来××院，人生地不熟的，没待几天，不禁想起开心、遥远的高三生活。你、我、吴伟、老张……那时虽不在意，但现在晚上躺在床上，那些往事就不断地闪现。来了没几天就打电话给吴金锋，查你和老张的电话、地址，直到你打电话给我，没回你的电话，真抱歉！我国庆节回去准备到学校看看，也许正是为了重温旧梦吧！寻找过去的感觉。

说实在的，我真是不愿进师范院校的，但苦于家人亲戚的劝说，在填志愿时把成都理工和哈尔滨理工都调到了第二档，想起来真是不该！我是不喜欢教师职业的，但现已如此，只有勇敢地面对。来校之前还以为××院还说得过去，但在这待了几天，感觉对大学生活的那种兴奋感，那种向往已石沉大海。这里简直糟透了！就学校设施方面，我真不知还能不能说××院是一所高校！本部面积只有740多亩，太小了，不仅显得拥挤，那破旧图书馆的瓦房也显得可怜，真是大煞风景呀！说起来真是可笑，操场上连个乒乓球台都没有，宿舍里的两张桌子便是理想的球台！我们八个人一个房间，凑成两桌玩牌倒是正好！说逛街吧，这里的夜市还真不如城里的夜景，这里附近都是些小商店，有些还正在建设之中，真不像你们附近就是老街，有许多大商场。

虽然学校里的协会组织不少，但我一个都不感兴趣，文学素养根本就不行，交际方面更是差劲！说体育方面，我还真不知道以后的体育课能不能通过，十八号体检那天，一称只有九十二斤了，军训过后，连九十都不到了！可笑不？比高考之前还轻八斤。不过我定好了计划，准备在大一时轻轻松松地过，顺便锻炼一下身体，身体是革命的本钱嘛！

顺便问一下你怎么会进化学系的，难道是因为对化学感兴趣，我进化学系可以说是糊里糊涂地进来的，本来化学系是随意报的，但我偏喜欢开这个玩笑，结果尝到了这个苦果。当前的教育改革实行3+X制，化学已是冷门中的冷门啦！我们学校这几年的化学系毕业生就业率只有50%多一点，再加上这几年的扩招，真不知我们以后出去该咋办！真是不想都还好，越想心情越糟糕，也曾想过考研，但看每年一百多个人中只有四五个能考上，便心灰意冷了，谈什么考研，还是得过且过吧，就连通过英语四级都是个难题！

我这几天在军训，操场上的灰太多了，练步伐时，踩起的灰尘好似缕缕青烟，袅袅升起！再加上每天都要洗澡洗衣，太麻烦了！在这待几天都受不了，你知道我是很寂寞的。好了，接到我的信后，请你尽快回信，将你那里的情况告诉我！以后再联系吧，再见！

祝你一切顺利！

老师好，我的好友给我写了以上这封信，我觉得他的状态十分不好，很担心他。他不喜欢教师职业，也不喜欢师范专业，更对上学的环境感到很沮丧。我不知道该怎么安慰他，想请老师帮忙给他点建议，能让他尽快走出阴霾。非常感谢老师！

你好！

我是你的好友徐同学的大学老师，下课时候他将你的信交给我，我想他肯定是为你目前的状况感到有些担忧。感谢他对我的信任，老实说，我对能否帮到你一点底都没有，但为了这份信任，我想我还是尽力而为吧。

从你的信中可以看出你目前的心情是沮丧的，原因有二，一是对未来的教师职业不感兴趣，二是学校的环境条件太差，至少不足以使你感到委屈的心灵得到平衡。

第一个问题实质上是职业与人生的关系问题，简单地说也就是一个人从事什么样的职业自己活得舒坦，别人看着也觉得风光。按照这样的思路走下去，我想大约只有这样的人可以：他在第一次选择职业的时候就很顺利（这一点能满足的人是有限的），在职业生涯中，他不断努力取得不错的成绩（否则也没有什么风光的）。这样我们可以用一个公式来表达：舒坦 + 风光 = 运气 + 努力。这个直观的公式一目了然地告诉我们，其实努力才是这个公式中最有价值的因素，是决定性的因素。如果没有自身的努力，单凭运气最多能风光那么几天，可人得活一辈子，不是吗？因此，努力的程度是决定一个人是否舒坦和风光的关键，而不是职业本身。一种职业能带给人的东西是有限的，因为职业是服从社会需要的，因而是为社会所左右的。比如20世纪90年代初期，全社会都看中商业，大多高中生都想着能进入商业类学校，甚至有的人放弃读大学本科而到专科类商业学校读书，可好景不长，现在你也看到了，高中生们又在父母的“追求稳定”心态的驱动下追寻着师范类院校。

当然，我不能否认，如果一个人他喜欢自己所从事的职业，对自己所做的工作有兴趣，那么他很有可能很快在这个职业中有所成就。但

“喜欢”“兴趣”又是从何而来呢？在中学时代，我们对不少职业都充满憧憬，比如看到警察的风采，心里总不免想，要是将来能做个警察有多好，但事实上这种“喜欢”只是停留在对表象的认识上。也就是说，在中学时代我们对于职业的认知是感性的，所谓的“喜欢”“兴趣”都是有极强的可塑性的。从心理学的角度看，人们对于职业的兴趣也同样如此。就拿我个人来说，我是直到大学四年级实习的时候才认识到教师职业的社会价值，才对这一职业产生浓厚兴趣的。

其实，职业不过是人们谋生的一种手段。社会生活产生了不同的职业需求，人们为了满足这些需求从事不同的职业，这便有了各种不同的社会分工。

但我想你并不是从骨子里恨教师职业，而是觉得这个职业不足以发挥你应有的价值和才能，比如你的信中就为未来的分配感到担忧。事实上，我的体会是，没有一种职业能够像教师职业这样能够对社会产生巨大价值。任何一位教师，他的言谈举止都或多或少甚至深刻地影响着一代乃至几代人。国家要发展，民族要振兴，必须从教育开始。

但是，和所有的职业一样，教师职业也自有它的辛酸。比如教师自身价值的实现是通过学生来达到的。从这一点来说，教师给人的感觉就是默默无闻，如果不敬业，甚至看不到价值的实现。还有，教师所得到的价值实现的回报周期较长。这两点是和我们青年人的心理期待相距甚远的。我们恨不得一个早晨就改变地球的面貌，然后我们穿着长衣扇着蒲扇尽情地享受着整个地球人的赞叹。可现实中目前还找不到这样令人神往的职业，每个人要实现自身的价值都得有个过程，只是教师职业可能稍微长些罢了。

因此，我想你可能真的要像你自己说的那样“现已如此，只有勇敢地面对”。你的年龄已不太允许你单凭兴趣和爱好来生活了，“勇敢地面对”不能只是说说而已，而要落实在行动中，我相信你通过努力，凭你的聪明才智一定会取得喜人的成绩，实现自己的价值，没准会和我一样改变对教师职业的看法，不单纯把它作为谋生的手段，而是把它作为一生的事业。

希望有个良好的学习环境，这是人之常情，但这不是由我们自己决定的。所以因为环境的不理想而抱怨甚至放弃自己肯定不是正确的做法，考上大学已是不易，当好好珍惜，因为大学阶段是人生的关键阶段。跟上社会的节奏，关键的不是你在什么大学读书，而是如何把握这短暂而宝贵的四年。这一点我们从现实生活中可以看到很多，有成就的人并不都是名牌大学毕业的，普通大学照样有很多毕业生成就非凡。只是有时我们的内心深处会想，凭我这成绩考不上名牌大学有点没面子，说给别人听时好像也不太响亮。唉，咱们年轻人啊，真是！关于这一点，我不太想多说，只想说一句话：到这儿来，你是来学习的，而不是来享受的，所以当把目光紧盯着书本。

已经写很多了，不知对你可有用，只好祈祷了。

祝进步。

如果您有可能找到一个待遇丰厚、体面的工作，您还会选择当教师吗？

职业的选择不可能不考虑自我价值实现的因素，当然“待遇丰厚、体面”也应当是择业的一个因素，但要看主体人本身怎样来理解人的自我价值。如果那个“待遇丰厚、体面”的职业不能使我实现自身价值，我是不会选择它的，老实说，目前还没有什么职业能够比教师对我更有吸引力。

老师好，我感觉我是一个没有稳定的世界观的人，有些茫然，我该怎么办？

没有稳定的世界观，是因为你没有足够的社会阅历和生活阅历。改变这些的办法是增加书本知识，增加实践知识，当这些知识达到极大丰富的时候，你就会逐渐拥有一个较为稳定的世界观，所以现在的茫然是没有必要的。

我不善理财，又不能有效扼杀物欲。请问老师，您有没有什么好办法？

我帮你想两个办法：

（1）把每天用去的钱记下来，然后检查一下，看哪些是该花的，哪些是本可以省下来的，提醒自己那些不该花的钱以后不再花，买东西之前得想一下这东西对你有多大益处、用处，经济条件是否允许，如果不买可不可以用别的东西替代，等等。

（2）把钱存到银行去，按月去取，计划使用。

感觉身边的人总是太过于计较一些小事，不够大气，我从小就不拘小节，也不想管别人怎么看。说实话，我是一个傲然不群、愤世嫉俗的人，虽然不那么合群，但我无所谓，人难道不应该有傲骨吗？老师，您怎么看？

第一，关于小节。

如果你认为你所宣扬的“小节”，别人倒在意了，你仍可以因为自己从小就不拘“小节”，而无视别人的在意，我认为你应该做自我批评。在我看来，自己的“小节”是否有保存的可能性，当看这种小节是否触犯他人利益？如果触犯了我认为就不是“小节”，如果别人可以接受就可以继续“不拘小节”。

第二，关于傲然不群、愤世嫉俗。

我认为这些对于你现在都是十分不妥当的，无益于你的发展和前进，在一定的情况下会成为阻力。“人不可无傲骨，但不可有傲气”。至于愤世嫉俗，我觉得你现在来谈未免太早了些，因为你的生活阅历还太少，生活空间也太小，还没有为社会做过什么贡献，还没有资格愤世嫉俗，别人只会觉得你太不谙世事。所以，不如做群众的一分子，寻找生活的真味。

老师好，首先我要坦白一件事情，您的作业我没有交，因为我觉得写这个作业解决不了我的困难。我知道自己每天都稀里糊涂、浑浑噩噩，但是人生有那么多无奈，我为什么就不能保持自己的本色，自然发展呢？

我为你的坦率感到很高兴，我布置的不是作业，而是要收集一份材料，以了解大家目前在生活中，尤其是交往中遇到的一些问题，希望对大家在思想认识上有所帮助，在交际方式上有所指导。当然，如果最后把这种材料作为大家合作的成绩计入学分，我想对那些懒得写的人也是一种必要的惩罚，你说呢？

也许我真的如你所说，解决不了你的困难，因为人生有那么多无奈。但我认为，如果我们能够在一些问题上看得清楚些，认识提高些，我们的无奈就会减轻许多，甚至会没有。比如，有些人说话总是让人不易接受，与之相处实在难受，是一种无奈，但如果我们认识到这仅是表达方式的不同，他的内心世界是很不错的，与人交往应重本质。这样无疑会改变我们对这种人的看法，与之交往就会比较愉快，不是吗？再比如，你提到的为什么人不能保持自己的本色，让其自然发展？人的本色是什么呢？如果人自然地发展，人类何以有今天呢？只有在群体中生存，人才能不断地完善自身。所以马克思说，人的本质是一切社会关系的总和。

人的生活是不能离开社会集体而单独存在的，因为如此，人自身必须不断地加以改造，去适应环境，改造环境。你之所以对这个问题困惑，是因为对这个问题认识不清，虽然你也同别人一样活过来了，但认识清的人是明明白白地活过来的，而你是稀里糊涂地，眼中带着千万种无奈活过来的。两者相较，何者为上呢？再比如聚会，如果你不仅仅是从它很无聊这一面来认识它，而是看到它也有益处，就不会无聊。适当的聚会是增进友谊、增强了解的必要方式，我想你就会选择拒绝不必要的聚会，而选择必要的聚会，而且很投入地参加，不是这样吗？无奈何处？再比如感情，有时不免超出友谊之外，如果你加强对于友谊和爱情的了解，能把握什么样的感情是友谊，什么样的感情是爱情，你又何必感到不知所措呢？因为是想建立友谊，还是要建立爱情，完全掌握在你自己的手中，不是吗？

但愿以上能对你有益！

第二编　环境适应

我是一名来自农村的学生，因为一直以来很不自信，做事情总是缩手缩脚，来到大学校园后，看到这么多优秀的同学，更是觉得比别人差了一大截，觉得很自卑，没有勇气轻易做尝试，也没有勇气展示自己，越来越把自己“封锁”起来了。老师，请问我该怎么办？

勇气不是天生的，我也来自农村，一开始胆子也很小，做什么都缩手缩脚，但后来我感到再这样下去我会一无所获，于是就壮着胆子鼓足勇气干自己追求的事情。大量的事实证明，有时候胆子还是大一点好，因为不大不足以解决问题。你应该认识到要改变我们身上落后的乡土气息，首先就要从鼓足勇气开始。过去没有的环境，现在不是有了吗？此时不干，还待何时？

但勇气大不是胡来一气，更不是粗鲁，而是对于工作对象有较为准确的把握后才出击的。“准确的把握”来源于较为丰富的知识，较好的能力，即有大智才能有大勇。

我在高中时很自信，可是来到大学后，觉得自己很普通，做每件事、对待每个人都很小心翼翼。每次准备做一件事之前，总是思前顾后十分紧张的样子。其实大家都差不多呀，可是我总担心万一自己做得不好，别人会笑话我。老师，请问我的问题在哪里？

高中时你成绩好，所有人的目光都是带着赞许之意的，你自己的心里也很自信，所以当然不拘谨。现在不一样了，大家看着你的时候目光很平常，除了觉得不认识你，你是新生之外，没有别的含义。而你在心中希望恢复自己曾经在别人心目中的形象，但心里又有点虚。“大家都差不多呀，万一自己做得不好，别人会笑话我”，于是你“每次准备做一件事之前，总是思前顾后十分紧张的样子”。因为你太注重别人对自己的评价了，太注重别人心目中自己的形象了。这样好不好？我认为要辩证地看。一方面，这样有一定的好处，可以通过别人的评价来判定自己行为的正确与否。但另一方面，如果我们过分注重别人的评价，就会使自己活得很累而且容易助长虚荣心。有的人心中总是放着别人的眼睛和嘴巴，每做一件事首先想到的不是这件事本身的作用和成败，而是别人会怎么看呢？别人会怎么讲我呢？其实，哪有那么多人注意你啊，别人都有自己的事要去做呢。

做自己的事，只要无害于别人，就让别人说去吧。

我是一名大一的师范专业的学生。我想知道，面对市场经济的大潮，作为一名师范生，我应该如何做才能更好地发展，才能应对这日益激烈的竞争呢？

计划经济是以人为主体，由人来配置资源，市场经济则是以市场为主体，由市场来进行资源（包括人才资源）配置，因此我想师范生要想适应市场，首先要做的是丰富和发展自身，提升自身的多方面修养，比如知识、能力。因为只有这样，才有可能在人才市场这个充满竞争的“大学”里拿到“入学通知书”。如果仅仅是有一点书本知识或者是有一点社会活动能力，大概是谈不上适应市场的。不知你可同意我的意见。

祝你进步。

进入大学之前，我是个不甘于平凡的男性，在同学中独领风骚，十分活泼、自信、洒脱，是家长和老师口中“别人家的孩子”，身边从不缺少赞美之词。可是进入大学之后，身边不乏优秀的同龄人，我感觉根本没有人在意我了，这让我感到自卑，有时甚至像个小孩子，怯懦，寡言，做事瞻前顾后，讲话吞吞吐吐。我为此十分惆怅和无奈，请问怎么办？

想象中你的惆怅和无奈，确实令人同情。可这是没有用的，能解决什么问题呢？不如冷静思考一下，或许能有帮助。

你说你曾活泼、自信、洒脱，那是因为什么？是因为你曾经独领风骚啊。如今的你，与周围的人都差不多，没有了优势。于是你失去了当初的那种“独领风骚”时的精神风貌。于是你像个小孩子，怯懦，寡言，瞻前顾后，注重结果，讲话吞吞吐吐，不是吗？当你独领风骚时，所有的人都关注你，赞扬你，你也被这些一钱不值的赞扬弄晕了头，认为自己什么都行。事实却不是这样，人们在高兴的时候在顺境的时候，是想不到这许多的，于是你活泼、自信、洒脱。可现在，再也没有人会随便地表扬你，所有的荣誉和优势，都随一张录取通知书划到了历史的长河中去了。你感到了失落，感到曾经那些簇拥着自己的目光，一个也没有了，随之而来的是和自己不相上下的同学，曾经因为过多的表扬而生长发育的虚荣心不能得到满足，寻找原因又一时找不到，对于你——“不甘于平凡的男性”如何不焦急？其实你并不自卑。一旦有一天你“出人头地”再次“独领风骚”，你是不会去理会自卑的。

我觉得你现在应该端正两个认识，一是与别人比较时该怎么比较，二是认清人生的道路是平直上升的还是曲折上升的。在与别人比较时，应该拿与别人相当的东西去比较。如果拿自己的弱项去与别人的强项比较，肯定不如人，容易产生自卑心理。拿自己的强项去比较别人的弱项，肯定比别人强，容易产生自负心理。正确的态度应该是尊重事实，实事求是。人生的道路不可能总是平直的，而是曲折地波浪式前进的。你在中学时独领风骚也不是一下子就达到的，肯定有一个过程。这个过程就是努力奋斗，它会在我们人生的道路上经常地出现，当你在这个过程中努力奋斗，过程的持续时间不会太长，最后的前途是波峰，而如果你在这个过程中不努力，则永远处在波谷中。因此你应当正视目前的情况，告别一大堆的不良情绪，认真学习才是。

相信你会出人头地。

我进入师大校园已经有一个月时间了，但是感觉自己的生活还没有步入正轨，专业课只讲那些枯燥的理论，听起来如同嚼蜡，跟高中时期感觉完全不一样了。请问老师，这是怎么回事呢？

至今尚未“步入正轨”是因为你还刚入学不久。与大学四年相比，一个月实在是太短暂。心急吃不得热粥。

至于理论课，听起来如同嚼蜡，我想原因有二，一是尚未入门，二是原来的期望太高，如今提不起兴趣。

高中的时候，我们喜欢语文，大多是因为优美的文章吸引了我们或者是因为我们自己偶尔也能写几篇能得老师赏识的文章，但并不知道别人的那些优美的、颇具魅力的文字，是在长期积累之后才可以写出来的。这所有的积累中，其中就有那些如今我们读起来感到乏味的“理论”，不是吗？

对于理论的生产者来说，理论来源于实践，对于我们来说，理论是实践的指南，想入门并不难。只要有正确的认识，培养一定的兴趣就可以了。只要努力，我相信你的四年会是丰收在望的四年。

祝学有所成！

在当下这种经济热潮下，创业、做生意……有那么多赚钱的机会，可是，为什么仍有那么多学生报考大学啊？

为什么在经济的热潮下，仍有那么多学生报考大学？因为有的人有经济头脑，天生就是一块经商的料，而有的人适合于埋头“一心只读圣贤书，挥笔弄墨”。报考大学可以使“有经济头脑”的人更有经济头脑，使“挥笔弄墨”的人能更好地挥笔弄墨。

我感觉我自从考上大学后，学习劲头再也没有高中时那么强烈了，就像一个泄了气的皮球。可我又恐他日误人子弟，心中十分茫然、怅然。请问老师，我该怎么办？

当一只航船来到早已期盼的码头时，它就再没有必要开足马力了，不是吗？你那种“学习劲头不足”的强烈感受之所以产生就是因为你当初考上大学的愿望太强烈了。当初在你人生的航程上只标了这一个标点。如今——恕我冒昧——你是不是想：“唉，终于到站了，该歇歇了。”可又“恐他日误人子弟”，所以“茫然”“怅然”。告诉你吧，你这船要是就此抛锚，你还会“昏昏然”“沉沉然”，所以我建议你赶快重新树立新的目标，然后再开足马力前行，所有的“茫然”“怅然”都会“荡然”的。

我家是芜湖的，每天走读来上学。虽然我还像高中学习时一样努力，但是，我始终找不到读大学的感觉，请问我该怎么办？

我想，就你的学习而言，摆脱那些高中的学习方法是需要尽快解决的。另外，你不妨找个要好的同学，在一起住几天学校，和现在的同学们打成一片，我想，不久你就会有上大学的感觉。

进入大学后，我有很多不适应，不知道自己这学期能学到什么，为人处世也不太懂。为此，我很忧心、很着急。我该怎么办？

这学期你将学会很多东西，尤其重要的是，你将学会怎样独立地处理自己的事情，学会怎样做一个大学里的学生，另外，还会学习一些必要的专业基础知识等。

刚到新的环境有许多不适应是很正常的，不要太忧心。为人处世是一门学问，是一门比许多门类的专业知识还要高深的学问，得慢慢来，不能心急。只要你做一个受大家欢迎的人，这些方面的难题对你来说就容易得多了。

进入大学后，生活更加丰富多彩了，相对来说也自由了很多，同时，身边的诱惑也多了，泡吧、通宵、逃课等等，一不小心就会“误入歧途”。请问，我应该如何面对大学存在的各种各样的诱惑呢？

面对你所说的“大学存在的各种各样的诱惑”，我想如果放松对自己的要求，是会如你所说“误入歧途”的。不过只要你自己立场坚定，我想就不会出问题。

我是一名大一新生，我很想参加学生社团（或广播站）的活动。但有很多学长学姐跟我说加入社团没意思，浪费时间，耽误学习。也有的学长学姐让我多加入社团，多参与社团活动，既可以挣学分，又能锻炼自己的能力，还能结识更多的朋友。请问老师，究竟有无必要加入社团呢？

从个人能力培养和锻炼方面看，参加学生社团（或广播站）我想是有必要的。

大学校园里总是不乏很多“吃”得很开、“打”得火热的同学，这些同学固然令人羡慕，但我总觉得最重要的还是要用知识来丰富自己的头脑。请问您怎么看呢？

是的，但那些“吃”得很开、“打”得火热的同学也有一点可取之处，因为他们有一种知识，即实践知识。丰富自己头脑的知识不仅要有书本知识，还应有实践知识。

我有一个困惑，从开学以来最主要的问题就是感到在时间分配上处理不好，总感觉时间不够用，请问我该怎么办呢？

一是处理事务要分清轻重缓急，二是要在做事时注意全身心投入，不可做这件事想着另一件事，认真学习，认真休息，认真工作，相信你会处理好的。

我发现，现在我越来越感到在大学里想静下心来学习是很难的，除非你抛开一切！请问您怎么看呢？

如果这“一切”并不是我们要去过问的，那么我们为什么不可以抛开呢？

古人有云，“境由心造”，此言极是。有的同学心浮气躁，我看不是静不下心来，而是不想静下来，遇到繁琐事务时，先想一想，想想是在干什么，有什么意义，时间长了，自然会对那些不值得思考的问题淡然处之。

老师您好，进了大学，我发现现实和梦想总是格格不入，这使我不得不怀疑自己以前的想法是否错了，希望老师能解答我的困惑，谢谢！

应该说你以前的想法需要修正，过去的想法是在没有亲身经历的基础上，带着童话般的色彩去设想未来的。随着年龄的增长，知识水平的提高，以及社会生活阅历的丰富，你会逐渐发现过去的设想有许多是脱离实际，没有实现的可能性的。如果你及时注意修正，便会缩短现实和梦想的距离，如果你老是抱着童话不放，那么现实和理想将会被你人为地割裂，倒霉的是生活在痛苦的理想国中的你自己。

我习惯于默默无闻地坐等别人发现，而不习惯表现自己。从初中到高中，虽“默默”但很“有闻”。但到这儿，我发现这样做错了，我成了被遗忘的角落，可实在不习惯表现自己。老师，我该怎么办？是否该改变？

你中学时虽“默默”但很“有闻”是因为什么？你既然不习惯于表现自己，那你是怎样被别人发现的？是一到中学就被人发现的，还是过了很久才被发现的？这几个问题想通了，就解决了你的问题，因为在这一点上，大学与中学没什么差别。

大学生想“有闻”并不是靠表现，重要的是靠本事。

老师您好，进入大学后，学习任务相对减少，甚至学和不学一个样，因此我时常有一种懒惰心理，不想学习，缺乏动力。请问老师，我应该从哪获得动力呢？

一是提高思想认识，二是严格要求自己，三是确立目标，四是开步走。

你的思想认识中有一种想法，认为现在学与不学一个样，学多学少一个样，学好学坏一个样，因为将来前途没两样。这是不正确的。如果你提高认识、加强学习、提升能力，那么将来结果是完全不一样的。因此，我劝你不要把将来看死了，把将来看死了，现在就会僵化。

严格要求自己不能三天打鱼两天晒网，一日曝而十日寒，到最后就会越来越没劲了。好不容易激发起来的热情就会又冷却，而且这种不严格的要求形成习惯以后将来就会一事无成，因此，现在是该培养毅力和恒心的。

人们在没有目标的时候常常是不愿意行动的，因为不知道往哪里去。你的情绪不高，动力不足，与没有目标密切关联。原来的目标是考上大学，动力十足，现在不知道该干什么，所以，停下来了。因此，我建议你赶紧确立新的目标，继续前进。

进入大学，我感觉学校与自己之前的愿望距离遥远。一想到要在这儿待四年，我就会浑身冰凉，不知后面该怎么过。我也知道无法改变现状，您能开导一下我吗？

首先感谢你对我的信任和鼓励。

不晓得你现在是否还是一想到要在这儿待四年，就会浑身冰凉。没有实现愿望，这对每个人来说都是一件令人沮丧的事。可又有什么办法呢？要知道我们选择命运的时候，命运也选择我们，正是由于这种相互选择的存在，才会使我们的生活中拥有很多不如意，包括失败，不是吗？

当然，大学并不是你生命的全部，命运对于你也不会永远是胜者，何不充分利用这个环境准备下一次的挑战呢？

祝你成功！

老师您好，请问如何走出大学迷茫期？如何在双休日兼顾工作与休息？

我觉得你要给自己制订个小计划，然后坚持完成就能改变你现在茫然的感觉。

双休日，除安排好集体该做的事之外，我想只要能使自己休息得十分愉快就行，无论什么方式，只要自己能接受就行。

进入大学以后我就一直很烦恼，也说不清到底困惑什么，不知道要怎样疏解？住校经常会有鸡毛蒜皮的小事，每天都会有点焦头烂额，也会担心出现好朋友说的那样，使人变得复杂，但是父母和老师一直说大学时代的友情，尤其是室友情会是最好、最真挚的。想问问老师，您觉得住校是利大于弊，还是弊大于利？

我认为是利大于弊，因为住校可以锻炼自立、自理的能力。而人更多的时候是要一个人生活的，具备自理能力是必须的，总不能老待在父母身边，什么都依赖他们，将来出门怎么办？同时，集体生活还可以锻炼自己的适应、协调能力，能够交到好朋友。收获要远远大于微不足道的弊端，至于你的好友说的会使人变复杂，我看是使人变成熟更确切一些。总有一天，我们要走向成熟的，迟，不如早。

第三编　学习困难

老师好，我们平时的课程都比较多，如何处理课前预习和课后复习的关系呢？另外，老师们经常叮嘱我们要多看一些课外书籍，我也觉得课外书籍更有意思，专业课本和课外书籍的阅读时间是否需要有明确的分配啊？怎么样才能快速了解某本课外书值不值得我去读呢？

如果每门课都预习，预习时间显然是不够的。你不仅要注意筹划时间，还要注意安排轻重，学习起来比较难的，多用点力气，学习起来容易的，少用点力气，多用力气的要多安排点时间，少用力气的少安排点时间。复习和预习时也应注意方法，理论性强的需要钻研的多花时间，文学性强的只需要泛读的少花时间，而有些知识是不需要预习或复习的，上课时认真听讲就可以消化的。最好充分利用上课的时间，不可以眉毛胡子一把抓。复习的时候，也应该主次分明，对于教师重点讲的（一般是阐述得比较多的那些问题）应结合课本或相关的参考资料复习，对于轻描淡写的内容复习的时候可以一笔带过。

对于中文系来说，专业书与课外书应该说是同等重要的，但相对来说读课外书要容易得多。一般来说，读课外书的时间不宜放在自习时间，多利用一些零碎的时间比较好。

读书之前一般先大致了解一下该书的作者、内容提要及目录。如果觉得这本书有一定的可读性（指与自己学习需要相关联的），那么在阅读之前最好给自己定几个小题目，比如读完此书你可以知道什么，或想知道什么，等等。

以上内容仅供参考。

老师好，我最近学习感觉很吃力，总是担心落后于其他同学，很焦虑，不知道怎么办。另外，我最近一直在考虑要不要学习俄语，但又担心学了俄语影响以后考研，不知道怎么抉择。老师，您能帮帮我吗？

怕落到别人后面，这是好现象。问题是光怕不行，你还得学。就目前情况看，我觉得你还是俄语或英语只学一门为好。一来时间上好安排，二来内容上集中不易分散精力。从长远来说，即使将来考研究生也有考俄语的，当然考英语的人更多。不管学哪一门都要学到底，半途而废是没有用的。就我们学校目前的情况看，学英语有利于学得更深入一些，对于你来说，无论学哪一门要学好都得脱一层皮。所以我想还是选一门好，然后去脱一层皮，否则得脱两层皮。

老师好，平时学习的时候我不喜欢把时间耽误在一些无用的知识上面，觉得是浪费时间，以后用不上，但同时也担心这样是不是不好，会不会影响我提高自己的能力。请问老师，我该怎么办？

你是否还记得你在中学时所学的知识？那时所学是为了考试，但考试的范围是十分有限的，我们所学的东西却很多，即使走进考场，还担心有不少东西没有完全掌握。只有出来的时候才知道，噢，原来那么多东西是无用的。其实将来我们也要考试，接受社会的考核，这是无形的试卷，社会需要有多少，考试题目就有多少。目前所学课程是丰富和发展自身的必要基石，少了一块都是一种缺憾。觉得“以后用不上”是不妥的。

能力是后天培养的，只要你有意识地锻炼自己就能提高。给自己一个任务，然后去认真完成，坚持不懈，比如说每天写一点东西，不少于300字，时间长了就会功到自然成。

老师好，日常学习时我觉得自己有些时候很矛盾，一会儿觉得自己学得挺扎实的，但有时候听到别人谈论的问题又觉得自己插不进去话，什么都不知道或者不知道怎么说。那到底怎么样才算把专业课学得很扎实呢？

我想专业课的学习应该达到这样的程度，即能够运用所学的理论知识指导自己的实践，并在实践中加深认识和有所创造。当然能够流利地与人交谈，也是专业课掌握得很好的一种表现，现在不行可能是因为你刚入门。请别着急，因为知识需要经过一定的积累，才能达到熟练运用的程度。

老师好，我虽然每天在学校里按部就班地上课，但是不知道到底应该学些什么，连自己的兴趣是什么也不知道。我本来喜欢英语，可到这里来了之后，英语听力让我感到十分吃力，似是而非的声音让我不知道该怎么办。看着其他同学学习的样子，我时常觉得迷茫：现在学习这些理论将来用得着吗？

第一，学习目的不明确，你应该问一问自己上大学是为了什么？

第二，英语听力看样子还要加强训练，听多了习惯了也就不会觉得似是而非了，这跟听汉语方言是一样的道理。

第三，要给别人一碗水，自己要有一桶水，现在学的大部分理论将来是不需要教给中学生的，但这些理论教会我们怎样教给中学生文学、语言方面的知识，因此你得赶快培养自己的兴趣，变被动为主动。

老师好，我虽然学的是师范专业，但在人前讲话时总是会觉得紧张，特别是在讲台上，看到台下同学们看着我，我就经常紧张得不知如何是好。您能教教我如何才能像您一样在讲台上侃侃而谈吗？还有个问题，我们在大学里的考试成绩会影响到以后工作吗？

我将在以后的教学中为你寻找上讲台的机会，但这仍不是解决问题的好方法。你最好还是鼓起勇气，不妨先试试，哪怕上去站一下，不说话也可以，次数多了就好了，都是同学，有什么好怕的呢？

大学考试对于将来毕业后的分配影响很大，确实是成绩越好越容易得到好的分配[①]。

① 毕业分配，是20世纪计划经济时代我国高校毕业生走进社会的唯一通道，而分配的好坏是与学生的学习成绩紧密相关的。

老师好，马上就要期末考试了，我不太清楚写作课到底应该怎么复习。考试是考课本上枯燥的理论，还是单纯地考写作能力呢？

写作课的考试，理论和写作都有可能考到。理论是实践的指南，实践是理论得以运用和贯通的途径。所以理论和写作两者都重要，当不可偏废。写得多了，你自然会知道理论的作用。如果只学理论不实践，当然就枯燥。

老师好，我们刚进大学，不太清楚中文专业到底是学什么的？我想有所侧重地学习可以吗？因为古代文学我实在是不喜欢，觉得没什么意思，以后也不想做老师。而且上了大学以后，突然就发现身边的同学都很优秀，自己根本比不上他们，有置身“地狱”和“巨人”阴影下的感觉。我不知道该怎么办！

中文专业的全称是中国汉语言文学教育专业。你们的课程设置都是围绕汉语和文学来安排的，在所有学科中，中文是最基础性的学科。

在专业学习中，根据个人兴趣爱好有侧重点是可以的，但不能放弃那些不感兴趣的学科。你应该清楚的是设置的所有课程都是丰富和发展自身必备的砖石，少一块都是一个缺憾。古代文学的内容是很精彩的。现代文一览无余，留给读者的空间很小，而古文却与其相反，还有诸如简洁凝练之类的优点，相信你在学习中会逐渐认识到。

你现在有置身“地狱”和“巨人”阴影下的感觉，我想是你自己的心造就出来的。古语有云，“境由心造”，原因可能是这样的：一是你对师大有成见，认识不足，师大毕业生将来不一定都当教师，只要自己努力，前路广阔，即使是当教师，不一定就不适合你。你现在对于这个职业还缺乏了解，所有的知识还都是一些感性的东西，一些停留于表面的，从别人的谈论中，从自己的想象中得来的，这些都还很不够。如果你有爱人之心和一定的社会责任感，我相信你会喜欢这个职业的。二是你与别人的比较失当，你意念中的“巨人”其实是不存在的。在大学这样的环境中，同学们有许多自己在高中时代没有见识过的特长，但这并不能说明你比别人差多少。你在自己感觉不错的方面，我想会有别人不如你，从这方面看，你不也是“巨人”吗？所以我建议你不要拿自己的短处去比别人的长处，也不要拿自己的长处去比别人的短处，前者会使自己自卑，后者会使自己自负，这都不是好现象，正确的做法应该是实事求是。

老师，我原来是一个自信且健康的青年。可是，上大学以来，我觉得自己一直很彷徨、懒散，无所事事，丢失了青春特有的那股激情。生活上处处不顺心，想家，学习上也觉得很不适应。我该怎么办呢？

我觉得你的问题出在两点上，也是你说的：“生活上不顺心，想家；学习上不适应。”因而你彷徨、懒散，“丢失了青春特有的那股激情”。你原来的自我是自信的健康的，而现在环境改变了，就失去了原来的自我。不客气地说，我觉得你的心理承受能力弱了些，以前你的自信和健康是有条件的，这条件就是生活上顺心没有麻烦（你可能不是住校生），学习上不仅适应，而且成绩还不错，因为这样的条件使你从未遇到过困难，即使有你的自信也会使它屈服。所以我觉得要找回你的自信，恢复原来健康的你，在培植与以前相同的“土壤”（熟悉环境，融入新的集体生活；取得好成绩）的同时，还应该锻炼自己的心理承受能力——对于逆境和陌生环境的心理承受力。

老师好，我们学校的图书馆是不是没啥用啊？我想借一本书，去了几次总是借不到，不知道是怎么回事？

对图书馆不了解可能是因为你书看得不多，因而觉得用处不大，显然是不妥当的。借不到什么书，我想可能有这样的几个原因：客观上，我校图书馆虽然藏书量多但有相当一部分书不能流通，因为没场地，而且每本书的复本少，借的人多，所以可能出现借不到书的现象；主观上，可能是因为你借了几次都没有借到理想的书，自己没了信心。我建议你还是多跑几趟，或者问问其他同学是怎么借到的。

老师好，在所有的专业课中我觉得自己的古代文学功底最差，一直学不好，越学不好越觉得没意思。请问老师，我该怎么办呢？

文学功底不是与生俱来的，而是后天努力的结果。故功底不厚唯一的办法就是加强学习，现在学习古代文学正是补课的好机会，不学岂不是丢失了机会。要知道将来教书或干别的事，这些都是非常必要的，因为现代文学的源头就是古代文学，可以说任何一个文学家都是有一定古代文学功底的。

其实古代文学并不难，问题是你不大想学吧，改变观念才是关键。

我听学长说，毕业证不是那么好拿的，不仅平时成绩要好，而且德育和体育等也要考核。我的体育成绩一直不好，而且我也不是班委，那我是不是很难拿到毕业证啊？

成绩确实不光是专业课的单方面成绩，你的学长说的没错，还包括德育和体育等方面的能力分数。

在“德”上评分班干稍占优势，那确实也因为他们平时做的班级工作要比一般同学多一些，但加的分也很有限。虽然你不是班干，但你可以去挣能力分，比如发表作品，参加各级各类比赛。

体育我看还是要锻炼，首先你要树立信心，功到自然成。

如果你四年的大学道路是用汗水铺就的，那么毕业证自然有人交给你。

我是学新闻专业的，可是我的写作功底十分差劲，该怎么办？

如果现在有一盘好菜放在你面前，你却懒得吃，我想谁也无法让你吃下它。可以说写作是新闻工作的根本，一个学新闻的人不能写将来怎么工作呢？一个战士不会射击又懒得射击，将来怎么上战场呢？所以我觉得现在你首先要自己主动去写，其次还是要给自己压力，但要尊重事实，不要把写作想得太可怕。一开始写就是文学性、艺术性很强的作品，哪有那么回事？文豪还不是从不会写到会写再到写得很好的吗？

中学时，有老师给自己布置学习任务，虽然任务重，有压力，但是动力也足。可是现在对专业学习很不熟悉，经常很迷茫，不知道看什么书，该怎么看，从哪里开始，变得慵懒而无所事事。可我不愿意这样虚度年华，请问老师，我该怎么办？

我觉得你现在的问题出在你的习惯上，你已习惯于有压力，在压力下过日子。现在培养自己的自觉性是十分重要的，因为你“不愿这样虚度年华”。不妨就从读古典小说开始，定一个小目标，比如看哪些内容，用多少时间，每天看多少，最后要得到什么样的结果。我相信只要你坚持下去，有一天你会如同在中学时一样成为班上的优秀者。

老师，上大学以来，我常常觉得没事干，有了也不想干，觉得没意思。另外，我们应该怎么去看书和写作呢？我觉得自己看的书挺多的，涉猎的范围也不小，但到了写作的时候又像是什么都没看过，写不出来什么东西。这该怎么办呢？

自己看书要有计划，大致每天看多少，内容上不宜太多太杂，比如要看鲁迅的就选一段时间都看鲁迅的作品，先看文学作品，然后再看评论性的文章，这样你大致就对鲁迅有了了解，就会感到有收获。没有计划没有压力就会“没事干，有了也不想干，觉得没意思”。有时忙得很，有时闲得很，那是因为没有计划。就像用钱，有钱的时候拼命花，没钱的时候不吃饭，还是自己倒霉，划不来。

关于写文章，我觉得你还是不要企图一下子就写成丁铃那样的文章。怎么想就怎么写，围绕一个中心写，写完了让别人看一下通不通，懂不懂，如果通了，懂了，文章的基本功就差不多了，然后再去追求艺术性，就会有所提高了，但根本还是在于“写”！

我觉得平时的学业不是很忙，看身边不少同学都到处玩，他们都觉得反正以后工作是包分配的，都上大学了，就给自己放松放松吧。您怎么看这个问题呢？

在你的脑子里有条虫，它告诉你：“喂！大学生，你已经考上大学了，还学那么多干吗，再说现在学这么多将来能用得着吗？反正国家分配还怕将来没饭吃咋的？别人都去玩了，外面的世界很精彩。”你对它的说法不置可否，于是你开始动摇了，你头脑中开始了斗争，所以你就“放松放松吧”。

解决这个问题，撵走这条虫的唯一办法是“居安思危”。

以前总是听别人说大学生活很美好，很潇洒，为什么我现在并没有感受到呢？另外，外语课总是让我很紧张，学起来力不从心，尤其害怕上课时倒霉的提问会降临到自己头上。我该怎么办？

大学的美好是因为它的学习环境，而不是指学习的内容，大学的“潇洒”是在紧张的学习之后。你看那些大三大四学习优秀的同学不是很潇洒吗？

上外语课紧张可能有这样的原因：一是英语基础弱，二是学习不得法。因为这样才会使英语的学习困难，才会使你难以应付那些说不定就会降临的“倒霉的提问”。所以，我想除了狠心削减娱乐时间以加强英语学习之外，唯一的法子就是向老师说：“Sorry, I don't know.”我建议你注意改进学习方法。

祝进步。

我平时很喜欢看小说，但是专业课的书籍却不喜欢看，同时又明白专业课的书不能不看，所以逼着自己看，可是感觉效果不理想。马上就要考试了，我既怕考试的到来，也有一点想考试，很矛盾，这该怎么办呢？另外，身边的同学都太优秀了，我觉得我跟他们比差好多，很为自己的未来担心。

我觉得你既要随着自己的兴趣，又要强迫自己，习惯于看专业书。专业书理论性强，学好了这些理论可以提高自己的欣赏水平，如果你因为它难就懒得看，那么只能长期停留在一般的欣赏水平上，要知道习惯是慢慢培养的。

我觉得你现在思想上的顾虑源于几点错误的认识。一是太小看自己了，觉得自己什么都不行，什么都不如人，于是既怕考试又想考试。自卑心理源于不正确的比较，不应拿自己的不足去比别人的强项。在强手如林的时候，你既要看到自己的不足，从而努力学习，又要看到自己的长处，以增强自信心。二是学习不得法。是因为有急躁情绪还是因为盲目所致，这一点我会在课上集体讲。

老师，我发现我们新生好像很难在图书馆借到想要的书籍。那想看书到底怎么办？看到身边的同学都好优秀，我如何才能像他们那样光彩照人？

图书馆借阅图书困难确实存在。因为我校经费比较困难，书多但馆小，没处放。不常流通的书就捆起来，还有是因为每本书的复本少，借的人却多，因此大家可能常常借不到想看的书。解决的办法是要常去，尽量不要借热门书，也可同学之间相互调借。当然，这些客观原因，与“新生”是没有联系的。

来到大学，就如同来到一座山脚下，不能看到山腰上的人欢呼雀跃自己就丧失信心，人家也是一步一步爬上去的。大学的七彩阳光躲在山后边，只有不断往上爬，直至山顶方可“采到真正的七彩阳光”，不信你试试。

老师好，来到师大后我发现这里真的是人才济济，身边的同学都很厉害，反观自己，好像只有课本知识这一块还说得过去。我该如何提高自己的实力呢？另外，怎样合理安排学习生活才能全面发展，成为一个合格的大学生呢？

别给“人才济济”这样貌似强大的字眼迷住了双眼，其实大家还不都一样？只是各有所长罢了，你不是也有基础扎实的课本知识这“一长”吗？干吗不发挥自己的特长呢？为什么要用自己的短处去比别人的长处呢？在学好专业知识的基础上再去培养其他方面的能力，是一个合格大学生的正确选择。

至于该怎么学，我想还是先定个小计划，从基础学起。把那些该读的书列个书目出来，然后一本一本地啃，不要“吃一望二又观三”。相信过不了多久你就会知道“怎样合理安排学习生活才能全面发展，成为一个合格的大学生”。

祝你早日与自卑告别，与自信结友。

请问老师，我们应该如何处理好功课学习与课外娱乐、交际活动的关系呢？

这很简单。

在“处理好功课”之后去娱乐。

在“处理好功课”之后去交际。

你看，这并不矛盾，只要不同时做就行，关键在于时间的运筹。这还要我来啰嗦吗？

老师，我大学之前只知道死读书，英语方面也只是会写会背，但是口语和听力很差，尤其是英语听力。我很着急也挺自卑，怎么才能提高英语听力水平呢？

英语听力的确不太容易，就像外地的同学一开始听你说话并不容易一样。原因是不习惯，汉语也有听力的，只是我们从来不这么说。所谓没听清楚你说什么，其实就是汉语听力差的原因，英语也一样，只要经常听就可以解决问题。你可以到大外部[①]去录一点磁带自己听，或者通过收音机听听外语广播，都可以得到锻炼。

大学的学习与中学是不同的，关于这一点我将在课堂上集中讲。但愿对你有启发。

祝进步！

老师，我觉得我学习方法有问题，感觉总是学不到点子上。请问我该怎么办？

学习上方法不够好，这是正常的，因为你刚到大学不久。只要你不断摸索，定会找到适合自己的学习方法。这需要在学习的实践中不断总结反思，学习借鉴，及时提炼。我建议你首先向专业课老师请教，然后多向其他同学请教，找到你“学不到点子上”的原因，看看其他同学都是怎么学习的，最后总结一套适合自己的方法。

老师，我平时读书或者做事情的时候经常有那种茫无目的的感觉，不知道该怎么调整。

我建议你在读书和做事情之前，适当地定个小计划，定个小目标，

① 大外部，是我校外国语学院的前身“大学外语教学部”的简称。

然后再去做。这样你就不会有那种“茫无目的”的感觉了。搞好学习和过好生活也与这差不多，不妨一试。

我总是想把每件事都做到最好，想全方位地提高自己的能力，可是效果并不明显，这是怎么回事呢？

我觉得你对自己的要求太高，而且有些不切实际。因为，对于绝大多数人来说，一生只能认真地做好一件事，且一个人用于学习的时间和精力都是有限的。希望自己拥有多种能力固然是好事，但不能不根据自己的实际情况来确定重要的是发展什么样的能力。

高校专业设置就专业本身来说是科学的，但能否迅速适应社会发展的需要，还要有个转换的过程。

老师好，我准备考研究生，但是家里的经济情况不是很好，我担心会给家里增加负担。还有就是身边的同学都不考研究生，所以也都不理解我，甚至有点孤立我，我现在觉得很无助。

想考研究生是件好事。从个人前途的角度来看，这是你个人的事，别人是不是理解无足轻重。如果你觉得自己各方面的条件比较好，比如身体状况、记忆力好，我觉得你就可以下决心。当然，如果太不在意周围同学的评价，往往会因为误解太深而被孤立。因此你在平时的交往中当注意，与同学们打成一片，不要使别人产生一种“考研究生的人就是跟咱们不一样，高雅得很”的感觉。其实考研不过是人生的一个奋斗目标，人们都得为自己的目标努力奋斗。

家庭状况当然是考虑是否考研的一个重要因素。如果你既想考研又无力解决家庭状况，不如退一步，大学四年多打基础，工作几年以后再考研，此为两全之策，供参考。

老师，我觉得现在大学生活学习不像我高中时候那样有目标和方向，感到很迷茫，我该怎么办呢？

大学也有指挥棒，但这指挥棒在你自己手里，方向不是从来就有的，是在自己的摸索中，根据自己的需要而确立的。比如你想考研，这就是一个方向，有了方向，就有了目标，该怎样达到这个目标，所有为此而做的努力都应该是自学内容的一个部分。那么如何自学还要我在此赘述吗？

老师，我现在初步有了考研的想法，但是又觉得特别难，也不了解到底怎么考。我应该怎么做呢？

现在就有考研的心愿这很好。考法很简单，到考试的时候，你报考的学校会出一份卷子，你根据自学掌握的知识参加考试。只要你能圆满答完这份符合招生简章要求的考卷，你就可以在那个学校拥有一个床位了。因此从现在开始，你要有像高中那样“每天都要学习”的精神。

预祝你成功。

看见别人有成就，我心中颇不宁静，我也想努力，但又缺乏毅力，且不知怎样做。我该如何培养毅力呢？

“伟大的毅力是为伟大的事业产生的”，这句话说得有道理，其根本点在于毅力是为目标而产生的。当然，目标和毅力不是一回事，毅力的培养本身就需要有毅力，其实不是你没有毅力，可能是你做事太急躁，耐心不够。你要提醒自己，做任何事情都得有个过程，不可能一蹴而就的。

供参考。

老师，我明明很认真学习了，可是没有进步不说，还觉得越学越差，感觉很崩溃。

你可能是方法不当，也可能是要求太高，欲速则不达。

方法不当可以向别人学习，也可以在自己的所有学习方法中检验一下最适合自己的方法，然后推而广之。

另外，需要说明的是，在大学里，学习的进步可能不能像高中那样用某一次的测验或考试来说明。学习的成绩本来就是需要通过慢慢积累获得的。因此，不要因为自己的“错觉”影响自己的学习情绪。

老师，平时学校里的活动比较多，导致我总觉得时间上很紧张，担心影响学习，这该怎么办？

我的经验是，在平时学校里活动比较多的时候，根据活动的轻重缓急筹划好时间。同时，做每一件事都要十分投入，不要做着这件，想着那件，到头来一件也做不好。全身心投入每一件事，就会从所做的事中学到很多东西，你就会感觉到快乐，自然会学得多一点，而不会感到紧张。

老师，我本来是想把写文章培养成一种爱好，但是我发现，心情不好的时候反而能写出来文章，心情好的时候却什么也写不出来，这该怎么办啊？

心情的好坏与是否可以写文章没有必然的联系，只是一种习惯而已。心情不好的时候无处发泄，写文章自然是一个好的方式。但我想那些不一定都是些昂扬的调子。心情好的时候，写些昂扬的文章不是很好吗？我看你主要是思想意识里有些问题，当抓紧调整才好。培养一种良好的习惯不应该是一件难事，对于你更应该容易些。

老师，我感觉自己没什么特长，所以很羡慕有特长的同学，好像自己一无是处。我该怎么培养自己的专长呢？另外，课余时间应该怎样充分利用呢？

如果整天躺在床上，睡觉就可能成为你的特长；如果常常读书写作，读书写作就可能成为你的特长；如果看到运动就积极参与，你就可以培养自己这方面的特长。总之，特长是培养出来的，是通过经常性的行为表现出来的。该怎么办，还要我说吗？

课余时间你可以找一些有益于自身健康、智力发展、个人进步、他人欢迎的事做。

老师，我是班级文艺委员，但是最近感觉自己做多了班级工作会影响到自己的成绩，辜负了辅导员的期待。我该怎么办呢？

搞好班级工作和保持学习成绩是不矛盾的，而且有相互促进的作用。班级文艺工作一般是周期性的工作，因此，你当注意平时多抓紧专业学习。我相信你一定不会辜负辅导员期待的，因为做好班级工作也是辅导员的期待。

一天到晚忙得团团转，可是回过头来却发现自己一事无成，请问老师，我怎样才能提高做事的效率呢？

你可能是做得多，想得少，也可能是做集体的事多，做自己的事少，还有可能是做每一件事都不能全身心投入，做这件想那件，收获不大，效率不高。

我的经验是，做的时候全身心投入，不胡思乱想，做完之后，及时总结反思。这样既可以提高效率，又可以获得实践的经验。

老师，我想考研究生，目前对西方文学这个方向比较感兴趣，但不知道该怎么准备。您能帮帮我吗？

你目前可先看教材和西方文学作品选。有合适的机会你可以找教授西方文学的老师当面请教，他比我说得要更具体些。

研究生考试是自己选准方向，然后复习迎考，需要具备如下基本的条件：①健全的大脑，②过硬的外语，③扎实的专业基础知识。你都会具备的，祝你成功！

由于带家教、学英语、读小说，我每天都觉得时间不够用，又感觉到冷落了专业课，这样过是充实的吗？

充实自然是一定的，因为你无暇思考不充实的事情，但也是一种失误，因为你“冷落了专业课”。这其实是捡了芝麻丢了西瓜。每一件值得人们去做的事都应该是有意义的，但如果不分主次，何事可成？

现在真正用于专业课的时间远没有公共课时间多，专业课是不是徒有其名？

公共课和专业课的配比是以大学四年为单位统筹安排的，主次和先后都有一定的原则和依据，公共课不会多于专业课或干扰专业课的学习。就每一学期来说，公共课的比例也没有专业课多，但有时公共课要多花一些精力，比如英语，但你要知道英语不只具有公共课的性质，从某种程度上来说，它也是一门工具课。

我认为，作为一名师范生应该懂得一些音乐、美术、书法知识等，但实际上学校提供给我们这方面的教育很少，您怎样看这一问题？

确实，我校在音乐、美术、书法等方面的公共课教育很少，但还是有一定条件的，比如音乐，有音乐系的老师和同学可以请教，还可以参加音乐爱好者协会。美术和书法可以找美术系的老师和同学学习，还可以参加赭麓书画社等等，这些都是可以利用的学习条件。当然，如果学校有条件能够给同学们开这方面的课会更好。

老师，我现在能不能考研啊？但是我也不确定自己是否有这样的信心、耐力、能力。我应该做些什么准备？怎样准备呢？

如果没有外界客观条件的干扰，可以考研，除非你自己只是想想而已。

信心和能力，要问你自己，而能力是培养和锻炼出来的。

你现在要做的是学好专业基础课，学好英语，其他的到三年级再说。

老师，我们都觉得学校的外语课太占用时间了，把我们学习专业课的时间都挤占了，这怎么办啊？另外，现在看书应该怎样看，是应该专一家还是博览群书呢？

这是一、二年级学生的说法。一、二年级时，我校的英语学习确实抓得比较紧，但这并不是对专业课的一种挤占，就像我们自己处理事务时要注意轻重缓急、先后有序一样，中文系不是外语系，但中文系也当学外语，就像外语系也学中文一样。

在搞好专业学习之外，可以多看些书，现在以博为好，但博不是杂乱无章，而应是有章可循的。在博的基础上再专是比较合理的，但也有先专的，以专为线索，广泛涉猎与此相关的知识也可以达到专博相济的目的。

专业课学习和课后阅读怎样平衡？我感觉英语和“天书”一般，怎么办？如果不认真读书，我怕没有出头之日，怎么办？

注意时间的运筹和内容的先后，你就可以解决专业课学习与课后阅读的矛盾，不一定要牺牲周末，也不要有一下子就“吞没”图书馆的“野心”。

英语不是“天书”，而是一种语言，你也不是天生就懂汉语的，还不是花了十几年的工夫才走到中文系来的？心急吃不得热粥。

要想拥有，必先奉献，只要专一认真读书，就能够取得好成绩。谁说没有出头之日？

别人的感受是别人生活经历的总结，对于我们只有参考价值，批判地接受别人的经验对我们有益，全盘照搬则有害。供你参考。

专业课的概念需要逐字记住吗？有必要多读书吗？英语听力如何提高？书很多，如何安排各种书的阅读时间？

学习专业知识，对于理解了的基本概念、原理，能用自己的话组织清楚，当然没必要逐字记住。

在全面充实自己的学识时，博览群书是必要的，但要处理好博与专的关系，课外书籍的选择应根据自己所学方向的需求，自己的兴趣爱好来定，没有统一的模式。课本与课堂笔记是学好一门课的桥梁和手段，两者当不可偏废。

英语听力水平的提高必须有一个过程，由不会到会，由慢到快的过程，不必强求一口吃个胖子。

学汉语应该注意什么，学英语就应该注意什么。

把要先看的书放在前面，把可以后看的书放在后面，把要精读的书放在整块的时间里，把可以泛读的书放在零散的时间里，等等。你可以根据轻重缓急和自身需要制订一个符合自己条件的学习计划。

老师，我的英语怎么就是学不好呢？

检查一下你是否有这样一些心理现象：师范生学英语干吗？还要通过四级，将来一点用也没有，真烦人。每天都有这么多新单词要记，我怎么记得住？英语听力真可怕，叽里呱啦不知说啥，听它干吗？我的英语底子薄，成绩不比别人，不多追加点时间怎么行呢？可我的专业课怎么办？别人怎么学起来那么容易，看来我天生就不是学外语的料？……这些消极的思想你是否有，如果有，赶快消除，这是首先要做的。

然后检查一下自己的学习方法是否得当，是否做到了循序渐进、锲而不舍？是否做到了听、说、读、写相互促进，方法灵活而不呆板？对外语学习能否像参加自己最喜欢的娱乐活动那样投入？

冷静下来思考一下为什么，然后再校正，比你干着急要有效得多。

英语和专业课谁更重要？该怎样安排时间？学习很被动怎么办？毕竟是中文系，如何处理好它与英语学习的关系呢？我准备现在就着手考研复习了，这样安排行吗？

英语课与专业课相比，当然是专业课重要，但英语也是比较重要的工具课，学好它对自己是有益处的，这两年学英语的担子相对要重一些，不妨在时间上适当倾斜。文学作品是应该读的，但不一定就需要花费学英语那样的时间，可以利用一些零碎时间。

现在学习被动是比较正常的，因为你们还没有弄清大学学习的规律和特点，只有熟悉之后，学习才会变被动为主动，但现在，要不断地学习摸索，这样才会缩短这种被动的周期。

你应该建立以汉语为中心、以英语为辅助手段的知识结构框架，因为“毕竟是中文系”。

现在就准备考研确实不太现实，因为现在还不能十分清楚你在某一方面（比如古代文学）的潜力到底有多大，同时一、二年级是打基础的阶段，每门课都不可偏废，任务重，时间紧，如果准备考研必将顾此失彼，这是得不偿失的。三年级的时候再决定为时不晚。我相信，你只要有这个想法，就会始终不渝。

喜欢杂文、哲学又怕占用学习时间怎么办？我觉得外语挺难的，上课的时候老师的要求也很高，我底子差，对这个也没兴趣，怎么办啊？学习需要什么样的环境呢？

对于杂文、哲学等方面的喜好是一件好事，尤其对于学中文的人来说更是这样，文史哲是一家，但你现在毕竟是学中文专业而不是政教专业。哲学能当“副业”，应该注意时间的安排，不能反客为主。同时你还应该看到，文学中也有很多哲学的东西，这一点尤其体现在中国古代的散文中。从一定程度上说，学好中文对于哲学思辨能力的提高及思想表述能力的提高都是十分有益的。

外语也是一种语言，虽然与汉语不同，但学习语言的方法有许多相似之处。学好英语对于学习中文也是有帮助的，不能因为英语教师的要求高就放弃它，更不能因为它要记的东西太多而烦它，从而提不起兴趣。中文之所以容易，那是因为你从来到这个世界起就接触它了。

学习需要一个安静的环境，古语有云，“境由心造”，此言极是！

老师，上大学以后课余时间虽然很多，但是我有很多感兴趣的东西，所以依然觉得时间不够用，这怎么办？另外，我感觉我写的文章比较幼稚，内容不深刻，太多的情感味，我应该怎么提高呢？感兴趣的活动和讲座与我们的专业课冲突了，怎么办？

我们不可能把一年的事情放在一天去完成，必须根据事情的轻重缓急来安排它们，因此，我想目前面对这么多感兴趣的东西你还是应该做到宁专勿多，宁精勿烂。

没有情感的文章是没有血液的文章，你感觉现在的文章“比较幼稚，内容不深刻”这是非常好的，但应该明白这是正常的现象。“太多的情感味”没什么不好，只是显得文章没有骨头。这要求你不能只用感性去体验生活，还要用思想去感受生活。这需要你增加一定的哲学方面的知识，在有机会的时候不妨读一点这方面的书。一般来说，不仅有感情而且有思想的文章才是有血、有肉、有骨头的。

感兴趣的活动和讲座以后还会有，而专业课只有一次，你看该如何取舍呢？

老师，上课的时候我们发现专业课的教材内容同教师所授大有区别，尤其是在结构的安排、内容的详略及用词方面，这应该怎么处理呢？我想要发挥自己的特长，有什么好法子能使自己以后在这一单科有所成就？

当“专业课的教材内容同教师所授大有区别，尤其是在结构的安排、内容的详略及用词方面”，学生完全“可以参照资料，结合教材和老师所授，形成自己的体系”。这样不仅能通过考试而且是高分高能型人才。

要想发挥某一单科方面的特长，你可以找该科任课教师表达这种想法，并经常请教他，使他在不知不觉中而且非常乐意的情况下给你“开小灶”，然后就可以达到你只告诉我的“目的”——“以后在这一单科有所成就！”

老师，上外语课的时候经常出现看不懂单词的情况，我该怎么办啊？

当你不知道一个单词的发音、词义及用法时，你除了请教老师和同学之外，唯一的途径就是查字典，当然查到后还要想办法记住。

怎样才能在有限的时间里多读书、写作、学习？我打算在学习间隙尽可能多读书，并尽量做到精读。请问老师，我这样做对不对呢？

如果我们把一年的事情放在一天去做，我们除了骂时间太吝啬之外还能做什么呢？同样，四年的学习内容也不可能放在一个学期里做完，不是吗？

喜欢读书和写作（你的诗写得不错），这是很有希望的前提，但现在当合理安排学习时间，注意学习内容的轻重缓急，因此，你“打算在学习间隙尽可能多读，并尽量做到精读”是十分正确的。

另外，顺便说一句，写作灵感的来源是生活，而不仅仅是书本。如果你不能从繁忙的学习中抽身去亲身体验生活的百味，你的作品是有肉没血的。

祝你成功。

老师，到底应该怎样学习英语呢？我总是记不住。

我在中学时看过一本小册子，书名就叫《怎样记单词》，其主旨是“通过课文学句子，通过句子学单词”。作者把课文比作一棵大树，把句子比作树杈，把树叶比作单词。他说，如果我们一片叶子一片叶子地采摘，不仅时间慢，而且因为单个地背诵，相互之间没有关联，就很容易忘掉。但是如果我们用句子把单词串联起来，就容易把一串单词记住。如果想快速记住更多的单词，最好的办法就是将这棵大树砍倒，即背诵所有的课文，其实是最好的记单词的办法。我认为这个比喻十分形象。我自己就是这么记单词的。这个方法或许对你也有用，不妨一试。

老师好，我在英语学习上下了很大功夫，但是英语听力一直提高很慢，觉得很苦恼。我有时还害怕写作，写不好，觉得古代文学学习起来也比较吃力，您有什么好的建议吗？

提高英语听力的辅助手段最好是收音机与录音机并用，如果没有条件，那么你可以选择既省钱又能解决问题的大声朗读法。

怕写作不行，这是中文系，写作水平差可说不过去，要提高不难，每天坚持写，想写什么就写什么，然后请别人读。你首先要能把自己的思想完整地用文字表达出来，而且别人能看明白，这就是写作的大大进步，然后再提高，加强艺术性。

古代文学难那是在开头，但它是中文系学生合理知识结构中的中坚骨架，不下功夫显然是不行的。

老师，我上课的时候经常会遇到授课老师的讲义和课本内容不同的情况，这时应该以谁的观点为准呢？另外，我平时该如何自学呢？

在教师的讲义与课本的观点不同时，以你自己的判断为准，你认为哪种观点更合理，并能加以论证说明，只要有理即可。如果你拿不准，当然还是以教师的讲义为准。

大学里的自学，既包括不在教师的督促下吸收理解教师所讲授的内容，也包括学习课本之外的新的知识。你要把握好一个方向，即根据自己的实际情况和专业的要求建立自己的合理的知识结构。

老师，如何学好古代文学课？文学概论的知识不能很好地运用到实践中去，怎么办？有些老师上课比较枯燥乏味，同学们反应比较大，作为班干，我不知道能做点什么，有时觉得很苦恼。

古代文学课，有不少是要结合作品选上的内容来讲的，不妨就在书上记下来，搞懂了课文，别的理论就相对好学些了，所以我以为得从上课认真听、记入手。

“文学概论的知识不能很好地运用到实践中去”，这可能是因为你掌握得不牢固，也可能是知识的积累还不够。人们将理论运用到实践中的时候，不仅要求对于理论的深刻理解和把握，而且还要对实践的对象有较为深入的了解。

有些老师的教学方法不全合同学的口味，或者同学们对某一门课反应比较大，能够形成统一意见的时候，班长和学习委员有责任和义务向任课教师反映情况，以期得到合理解决。我想这不仅是你的工作，而且是带有创造性的工作。

专业课学习如何顺利通过考试？我感觉现在所学的东西好像没有什么用，我想学一些或许对将来有利的知识，可是，上课认真听了，下课却没有感觉，这正常吗？

要想专业课顺利通过考试，你必须把任课教师的讲义及与讲义相关的课本内容认真地掌握，并能适当地运用。

感觉现在所学的对将来好像没有什么用，显然是主观主义，即使你“学一些或许对将来有利的知识”，又怎么知道它们将来就有很大作用呢?现在所学的这些东西就如同盖一栋房子，盖好了这样的房子，再学习别的这些东西就有一个空间存放它们了，而如果没有这样的房子，所有的东西堆放在一起，时间长了就成了个垃圾场了。

上课认真听，下课没感觉，是一种正常现象。煮熟的饭，炒起来容易熟，夹生的饭想炒熟就难了。

老师，我来自农村，平时与同学交流时总是不经意间就会说家乡话，普通话说得也不标准，我很苦恼，想请教您怎样才能学习好普通话？另外，我的写作能力也有不足，请问怎样才能锻炼自己的写作能力呢?

关于普通话的练习，你可以多听、多读，读出声来，注意发音的标准，平时尽量不讲家乡话，时间长了就会有进步。

写作能力也是逐渐锻炼出来的，一方面要扩大自己的知识面，同时要多写，不要刻意去追求艺术性之类的东西，想什么就写什么，然后给同学读，能够把要说的话写清楚，要表达的感情表达出来，这便是写作的第一步，然后再去按照写作本身所要求的规律之类稍加润色，即可有大幅度的提高，不妨一试。

老师您好，我对有些专业课程总是提不起兴趣，觉得枯燥乏味，但是内心又很想学好这门课，比如英语，我觉得学得很吃力。您有什么好的建议吗？

对于感觉枯燥的专业课程，要提高兴趣确实不容易。我认为首先是提高认识，然后是学会把所学的知识运用起来，当我们认识到它的用处和好处时，当然也就能培养起兴趣。

对于语言的学习，再没有比“多读、多听”更好的方法了，目前的英语学习吃力是很正常的，在适应了之后就没有问题了。

老师，我是中文专业的学生，但是对学习英语很感兴趣，有时甚至想放弃本专业去专门学习英语。另外，中文专业要阅读许多名著，我现在参加了不少校园活动，总是觉得时间不够用，您有什么好的建议吗？

英语的学习是有价值的，你很感兴趣，想学好它肯定没问题。但你现在是中文专业的学生，放弃专业显然是不妥当的，最好是统筹兼顾。另外，我认为英语也是一种语言，学中文和学英语是可以相辅相成、相得益彰的。

对于中文专业的同学来说，学好专业的同时适当地看名著是非常必要的，从某种程度上讲，这些名著是较有价值的参考资料，对学习专业有一定的好处。当然，你在读的时候不能仅仅追求情节，而应该研究它好的原因。

校园活动对于锻炼自身能力确实有帮助，但知识是能力的先导，“无知便无能”，因此学习好专业是更重要的，尤其大学低年级的同学不宜参加太多的校园活动，高年级的时候可以考虑。

老师，大学学习的意义是不是就是通过考试来检验我们是否建立了合理的知识结构？我想广泛阅读和积累，扩大知识面，但如何处理专业课的学习呢？

大学的学习，我认为应该是在老师的指导下，通过学生自身的努力，建立起以专业课为主体的，以与专业课相关联的知识为辅助的较为合理的知识结构，这种知识结构是否合理主要是靠实践来检验的。考试只是检验各门学科的主要手段，不能作为检验知识结构是否合理的手段。学习的意义在于丰富和发展自身，以利于将来成为一个合格的有用的人，而绝不仅仅是为了考试，或是通过考试来检验我们是否建立了合理的知识结构。在学好专业课的基础上“广泛阅读和积累，扩大知识面”是非常好的，但无论多么好，专业课在你现在的学习生活中都得捞个主角当当。

老师您好，我有时候觉得自己和别的同学相比，总是学得慢一点，不知道如何开发出自己的潜能，想要在学习的道路上取得新的进步，不知道自己具不具备继续学习的基本素质。

人的潜能大体相当，充分开发自己的潜能需要自己对自己有个较为全面正确的认识，而这并不容易做到，需要不断地学习、实践、思考和总结。

继续学习需要具备的最基本的素质就是要有一个健全的大脑，这是爹妈给的，咱们都有。

老师，我有时候觉得英语课里的泛读很简单，感觉对于英语水平的提高有限，而英语教学大纲里的有些词汇又太难，还需要经常查字典，它们为什么反差这么大呢？有必要都学习吗？

泛读及听力与精读都是配套的，对于精读的学习都是必不可少的，但它们只起到抛砖引玉的作用。仅靠书本上的泛读和听力是十分有限的，你还须到课外找书读，比如英语小说、英语报纸等，从而更好地“利用泛读来巩固英语知识”。

英语教学大纲里的词汇不仅可以丰富词汇量，还向你说明作为本科生应该掌握哪些词汇，其中有些词汇需要深入研究，当然需要查字典。

老师，我现在每天学习的内容有很多，但是一直找不到这些知识之间的内在联系，觉得很零散，还有英语学习和专业学习在时间上也有冲突，想请教您怎样才能更好地兼顾到这些课程的学习？

我们每天都要学习许多东西，接收许多信息，对于这些内容和信息的处理，我们不是去寻找它们之间的联系而是把它们与我们以前学过的知识归纳在一起，或者是建立新的领域。所以我想，尽管“文学”与“关关雎鸠”之间有些联系，但在实际学习的时候，最好先不要这样做，知识间的融会贯通是在一定的积累之后才能实现的。

英语和专业学习的时间上冲突是比较正常的，但现在要“两手抓”而且“两手都要硬”，在时间的安排上不妨更科学些，这一点我在课堂上集中讲。

老师好，我知道学习笔记对于学习课堂知识和巩固复习很重要，但是有些时候老师上课说的内容和课本上不完全一致，笔记应该记什么内容呢？

大学的课本是教师上课的主要参考书，是学生自学的主要依据。如果笔记上的东西与课本上的东西一致，上课的意义与目的在哪里呢？So ,I think, you'd better read your book and put your heart into it.

老师，我个人感觉眼界不够开阔，想通过观看电影的方式来开阔眼界，但是又担心影响学习，想请教您看电影能开阔眼界吗？

我认为看电影主要是用于娱乐和消遣的，借以“开阔眼界”恐怕是“小材大用”。当然一些世界经典名片还是值得一看的，因为那不只是艺术的享受，还可以节省阅读原著所需的时间。但根据我的经验，芜湖的一些剧场每学期开学都把这些片子搬出来放一次。所以我想，你最好现在少看些电影，多花时间学习，到有了一定的学习经验以后，时间也宽松些了，再去看，既轻松又愉快，你说呢？

老师，我是中文汉语言文学专业的学生，感觉自己目前所学的课程都是基础理论，十分枯燥乏味，一点兴趣也提不起来，这该怎么办呢？

我曾经看过这样的一组漫画，说的是一个财主出门旅游看到一座三层的楼房，这楼房的第三层特别漂亮，而下面两层却很一般。这财主看上了这第三层楼的样式，于是便吩咐手下工匠把那层楼给仿造出来。工匠们日夜奋战，造了第一层，又造了第二层。这天正忙着，财主来视察，一看这情景大发雷霆：谁要你们造第一层和第二层的，我要的是第三层。这恐怕就是“空中楼阁”的由来。中文汉语言文学专业课程的设置都是循序渐进的，尤其一、二年级大部分都是“枯燥”的基础课，正如那很一般的第一、二层楼一样。没有办法，只有慢慢来。不把一、二年级这些枯燥的课程学好，后面会更枯燥，因为没基础。现在你当注意培养专业学习的兴趣，有了兴趣你就不会感到枯燥了。

供参考。

老师，我想学有所成并付诸实践，但这有可能会导致个人的行动与他人不一致，遭到旁人议论；我想专心干自己的事，却又做不到。请问怎样才能排除心中的这些杂念，全身心地投入自己的学习中呢？

请你先自问一下，回答以下问题：

（1）你要与别人在行动上达到怎样的一致？一致的结果会一样吗？比如同看一本书，效果会一样吗？不一样该怎么做？

（2）你怕别人议论你什么？为什么怕？

（3）既然想干自己的事，为什么做不到？

（4）想一下现在你心中有什么杂念，反问一下自己，想这些有用吗？能解决自己的实际问题吗？不想可以吗？

认真回答完之后你自然会找到答案，如果不行，可再问我。

老师，我崇拜潇洒的生活态度，希望在生活和学习中也能做到潇洒一些，怎样才能实现呢？

只有先过得充实，然后才能过得潇洒，这种因果关系是不能颠倒的。

我们不能简单地从别人潇洒的表象中满足自己的欣赏，甚至拿到实践中来左右自己的行为。要知道，有些人的潇洒只是为了掩盖他们内心的空虚和紧张，因为除了外表上的光鲜之外，他们可能什么也没有。你看看那些有所作为的人，他们可能没有多么潇洒，但踏实而稳重，让人感到真实而充满活力，也不失为一种潇洒的状态。这可能才值得我们学习。我想你羡慕的潇洒应该是这样的吧？而想要过得充实，第一要做的大概就是学习了。相信你不久就会潇洒起来。

老师，我每天都感觉很忙碌，但是又不知道自己具体在忙些什么，想请教您应该怎么玩，怎么学，怎么与人交往？

我认为在你准备忙碌之前，应先根据情况定个切合实际的计划，立个适中的目标。这样有的放矢，将会使你感到“有成绩”，当然你不能求“一口吃个胖子”。

怎么玩，怎么学，怎么与人交往，这很简单，认真地玩，认真地学，真心地与人交往。世界上的事最怕“认真”二字。

老师，我原先是学理科的，即将转到中文系，我很担心自己学习跟不上，您有什么好的建议吗？

在我看来，文科要比理科容易得多。拿出你高考备考的那股劲，搞好中文学习不会出问题。平时你要多向同学请教，既可以学到知识提高成绩，又可以交到好朋友，何乐而不为？你当充满自信，到中文系你也不会差的。

老师，我有时觉得书本上学习的内容都是理论化的，这些知识将来真的能够应用到实践中去吗？

能。因为书上的东西是实践的结晶，只要运用得当，就能有用武之地。

老师好，我对自己目前所学的专业提不起兴趣，觉得没有什么发展前景，我很苦恼，您认为怎样才能培养出学习专业的兴趣来呢？

我觉得首先是提高认识。你不能只看到这门专业不好的一面，而是要看到这门专业的长处及它的社会价值和将来的发展前景。应该客观地承认，这门专业的存在是社会的需要，有它合理的一面，我们不能只从一点来看待它。其次是要给自己压力，如果随我们自己的心愿，那么我们可能只对玩感兴趣，因为玩最不烦神，但这怎么行呢？现在没兴趣，一个原因就是因为你没有压力，没有深入进去，不了解它的好处，领略不到学习它的乐趣。只要你能投入，一定能学好，就像交朋友，只有交得深，友谊才厚，交得浅，友谊就淡。经过努力，你一定会培养起兴趣来。

老师好，我和同学利用课余时间接了家教的工作，但是有时家教和学习在时间安排上存在冲突。我觉得家教可以将所学知识尽快应用到实践中，所以不想放弃家教工作，那怎样才能兼顾家教和正常学习呢？

只有合理安排才可以很好地处理家教与正常学习的关系。合理安排主要是指时间上的合理安排，不能因为家教而影响了正常的学习。比如每周安排两次家教课，且最好是在学习内容不多的日子里。

老师，我渴望并极力地追求自己做到想什么就能把什么写下来，但是现实总是有差距，请问我怎样做才能达到这样的水平呢？

马克思曾经说过，你怎么想就怎么写，怎么写就怎么说。这话确实有益于写作，你怎么想，就怎么写，写出来之后再稍作整理，使之有序，说明一个问题即可，当然这需要不断地练笔。

老师，我平时喜欢阅读一些刊物，觉得比课本知识有意思，请问阅读刊物对提升我的写作水平有帮助吗？

帮助固然有，但不大，这是肯定的，因为从一定程度上讲，中国的古典名著及中国古代文学作品是中国文化的根，也是文学领域的渊源，而刊物上的作品绝大部分都是叶。正如学音乐，不能避开中国的民族音乐，而单纯地学流行歌曲，学写诗，不能对唐诗宋词一无所知，否则就是抓了支流而忘了大海。所以你该怎么选择呢？

老师，我们每天的时间、精力都是有限的，怎样才能做到学习、工作、生活都兼顾得到呢？

首先要学会运筹时间，每天要做哪些事，心中要有个底，然后根据事情的轻重缓急安排好恰当的时间，还要注意安排一些机动时间，以防有意料不到的事情要做。再就是我在课堂上已经说过的，工作时要投入，学习时要投入，休息时也一样。如果你做到了上面两点，还不能解决问题，欢迎你来找我当面交流。

老师，我平时喜欢把精力放在一些所谓的“旁门左道”上，对这些很感兴趣，但这也确实影响到了我的正常学习，想请教您怎样才能把那些“旁门左道”的兴趣调到所学的课程上呢？

在“旁门左道”上开出一条通往“正确”的路，比如学音乐对你来说是“旁门左道”，但要发掘一下就不难知道音乐对于提高文学学习的效果是十分有益的。唱一首歌如果不能很好地理解歌词所表达的含义和意境，就难以有感染力，而很好的文学功底是足以补偿这种不足的。因为我不知道你的“旁门左道”具体是什么内容，这条道只好由你自己来开凿了。

老师，我想学习一点有用的东西，但是不知道怎样树立学习目标，怎样才能朝着这个目标坚持下去。您能帮帮我吗？

要确立一个实际的目标，首先要了解你自己，而不是凭一时的兴趣或社会价值观所指导下的某一门类的东西。你可以在不停的学习活动中寻找对什么最感兴趣，且具有长久的稳定的热情，找到了这个感觉的对象，你就选择它。一旦选定，就不可轻易放弃，必须始终如一，才可以有所得。比如你通过广泛的涉猎，发现在写作上不仅有兴趣，而且有一定的悟性和持续稳定的热情，那么你就可以确立学习写作的目标，确立目标之后，必须还有一定的计划，以保证目标的最后实现。至于有用，在我看来，凡是可以丰富自身，提高自身知识或技能的，都是有用的。

老师，我平时很喜欢阅读，但是不知道读哪些书才好，如何读书才能更快地扩大知识面呢？

不要企求读了一本书之后，自己就多了很多的知识，所有的知识都是点滴积累的。

好书很多，真正对自己有用的不一定很多，要看你喜欢哪方面，正在思考什么问题，正在专攻哪个方向。

读书多当然不是坏事，但只读不想，不会有收获，只想不用更没有效果。因此，读书还要学会联系实际思考，学会运用。

要扩大知识面，可读一些杂志，比如有一种叫作《资料卡片》的杂志，可以快速帮助你拓宽阅读视野。

老师，想问一问您，我们专业的作业一周交一次，我是每天完成一部分还是周末一次性完成更好？感觉如果平时不写作业，就是对自己太放纵了。

你的问题具体得让我束手无策，我觉得这些问题最好的解决办法是问一下或看一下别的同学是怎么做的。不要对自己要求太松，但也不要对自己要求太严太高，那样会适得其反。

老师，我深知学习对于学生的重要性，但是现在时常会觉得学习没有动力，我很苦恼。老师您有什么好的建议吗？

我建议你思考下面几个问题：

在现在的情况下，以及将来的一段时间内，你对哪些人负有不可推卸的责任？

你准备用什么方式来完成肩上所负的责任？

为什么学习没有动力？

除了学习之外，还有什么事可做，哪一件事可以使你不感到空虚失落？

人该活得累，还是该活得轻松，你该怎样活？为此该怎么做？

老师您好，请问有没有阅读小说的好方法？我总是无法全身心地投入一件事中，我总是思念我的老朋友，该怎么办？

我当初看小说时不是漫无目的地乱看，而是分类看。比如，一段时间我专门看鲁迅的，小说看完再看有关评论的文章。这样关于鲁迅就大致掌握得差不多了，然后再换一个作家的作品。

要是一个人本没有多大的恒心去做一件事，我觉得得先去改造周围乱糟糟的环境，比如交一两个很要好的朋友，向他们学习，尤其要交两个有恒心的朋友。然后以之为镜，渐渐地培养自己的恒心，你还要不断地经常地提醒自己，这也很重要。

对于朋友的思念，这是一种十分正常的情感，尤其是刚分别不久，对新环境也不熟悉，但把大量的精力放在这上面就不好了。我觉得你还没从过去的空间里走出来进入新的空间，新的环境有许多比之前更迷人的地方，应该珍惜，更要善于发现。

老师您好，现在课程虽然不少，但课余时间还是很多怎么办？另外，我喜欢写作，但是没人欣赏自己的作品怎么办？

在所有收上来的问题中，唯独你认为“现在课程虽然不少，但课余时间还是很多”。有时间看小说，与别人聊天，不晓得你在时间的安排上有什么诀窍，是时间老人偏爱于你吧？何不向大家介绍点经验？

喜欢写作是件好事，但写的目的不独是为了给别人看，或得到别人的欣赏，还是培养能力，陶冶情操的途径。不必过多要求别人对自己的关注，那是很累的差事，也不必对自己要求太高，应该切合实际。当有一天你的作品让人爱不释手时，老师们会放下手中的活来读它，同学们会把眼睛睁到极限来欣赏它，但要承认一个事实，成功之路是要自己一步一个脚印地走下去的。

我考上了校报记者，现在又有点迷茫了，不知道要干点什么，请老师给一点建议。

第一，去问一下校报编辑部的老师，你需要完成哪些任务。第二，问一问自己，怎样看待这一成功。如果只停留于一个称呼，你现在就没有什么要干的；如果想成为一个合格的记者，也想把这块阵地作为将来走上工作岗位的准备活动，那么你还必须加强学习，具备记者所需要的那些素质，即学习依旧是第一位的。

第四编　交往障碍

老师，我有时喜欢在宿舍看书，而室友喜欢听音乐，收音机总是外放，导致我看书时受到干扰，无法投入。我想和室友沟通，但是又不好意思开口，请问我该怎么办呢？

给你的建议：

第一，待在寝室看书是不妥的，因为学习需要有一个氛围，以后你可能还会受到收音机之外的干扰，所以最好找个安静的教室更妥当些。

第二，你可以走到她跟前非常温柔、客气地告诉她，你想看会书，请她放小音量。要知道，她可能并不知道你在看书或者你受到了影响。所以你别有太多顾虑，直接去跟她说出你的合理要求。

老师，进入大学之后，我发现周围的人际关系变得好复杂。我的性格是那种大大咧咧的，但是现在说话做事都要小心翼翼，不知道自己会不会在不知不觉中得罪人，感觉很别扭，请问我该怎么办？

目前人际关系复杂，主要原因可能是大家都刚认识不久，相互不了解。人有防备心理是很正常的，只要你真心实意待人，时间长了大家自然会了解你。当然对于别人来说也一样，因此你不要有太多担心，尤其要杜绝“疑心病”。

老师，我是一名新生，之前在中学没有住过学生宿舍，没有尝试过集体生活，来到大学后与同学们生活在一起感到很不适应。大家来自天南海北，生活习惯大不相同，日常生活中难免会出现一些矛盾，这让我非常困扰。请问我应该如何处理好宿舍关系呢？

宿舍关系难处理应该说是一种正常现象，因为现在大家相互了解不多，防备心理是每个人到一个陌生环境都会有的。对于你来说，我想只要做到两点即可，一是要善于包容别人的不足，二是要树立自己良好的形象。在宿舍里你可以多关心别人，多理解别人，不斤斤计较，等过一段时间就会好的。

老师，我从小到大都是比较受欢迎的学生。现在刚到大学，有一个男生对我表示有好感，可我内心只是把他当哥哥一样看待，但是又不好意思直接开口拒绝，害怕破坏了彼此之间的友谊。现在我内心比较纠结，不知道该怎么办。

你长得比较好看，再加上活泼的个性，令男孩子喜欢是正常的，但你不能因为他们的喜欢就打破自己心里的平静。我觉得这种事儿就得快刀斩乱麻，可你却给那位同学留了个想头，“把他当哥哥一样看待”。你们不过是同学，为什么要“把他当哥哥一样看待”？我不晓得你现在怎样处理这件事，但如果你继续这样朝前走的话，对你是十分不利的，将来的命运都还没定，现在的学习还刚刚开始，一大堆未知数还等着去解，你怎么能给自己套个紧箍咒呢？况且你现在对他还不了解，只是不好意思拒绝他，在我看来这真是太轻率了，这可是人一生中最大的事情呢！我觉得你还是让他死了那份心为好。凭你的决心和毅力解决这样的事不会是难题，所以你不要在这件事上把自己变得很被动，以免将来有一大堆说不清的麻烦。

祝愉快！

老师，我从小性格就比较内向，上大学后发现学校里会有很多集体活动，我非常想参与，但不知道如何去融入。

根据我个人的经验，一个人应该树立这样的人生观：坚持以积极的态度去直面人生，使自己和周围的人，因为有你的存在而感到幸福和快乐。

老师，我是一名贫困生，平时经济上很拮据。最近班级要组织去看望一位大家都敬重的人，需要买些贵重的礼品，可我真的没有足够的钱来参与。我该怎么办呢？

因为是集体活动，我想你还是参加好。当然，如果经济上有困难，那么可以跟牵头的同学说一下，少出点或者不出。

另外，我觉得敬重一个人就买贵重的礼品相送，这是不值得提倡的。一张卡片或一件简单的手工作品，就足以表达这种真情实感了。如果你们敬重的是一位教师，就更没有必要这样做了。可别忘了，大家都是“穷学生”呢。

老师，在大学里，恋爱成为很多学生生活的一部分，我不知道这是不是正确的行为。作为学生，我们应该如何处理恋爱问题呢？

我觉得不是“如何处理恋爱问题”，而应该是“我们怎样看待这种现象”。我认为大学生恋爱既不是一件好事，也不是一件坏事。人是有感情的。青年人有对于爱情的兴趣，有关注的态度，是很正常的。至于那些已经开始谈恋爱的同学，一定要注意处理好恋爱与学习的关系。

老师，我和一位女生关于一件事情观点不合，讨论过程中她话里话外充满对我的嘲讽，我一时没有反应过来，后来越想越气，觉得自己没有发挥好，想找她“讨个说法”。您说我这样做对吗？

生活中有许多事，如果你不把它当一回事，它就不是一回事，如果你把它当一回事，它就真是一回事。有些人喜欢开玩笑，对于这些玩笑我们只当它是玩笑就好。讨论过程中话里话外的“嘲讽”，应该多是同学间的玩笑。要知道，人家和你一样，都不是来专门找仇人的，何必在讨论的过程中“树敌”呢？因此，没有必要去“讨个说法”，你说呢？

我在中学时和老师都能处得很融洽。可在大学，课程很多，任课的老师也很多，他们仿佛来无影去无踪，平时很少能见到。我渴望中学时和老师之间的那种感情融洽的氛围。请问老师，我该怎么办呢？

大学与中学的不同，其中之一就是师生的交往不同。中学是老师找学生，大学是学生找老师。只要你找得准，“那种感情融洽的氛围”是不会对你关门的。

老师，我是一名男生，为人比较热情。对于班级里的一些女生在学习和生活上遇到的困难是能帮则帮，但是这些做法在周围同学眼里就变了味道，他们说我一定是有所图。我觉得自己被误解了，挺委屈的，请问我该怎么做？另外，我有一个朋友，他的宿舍舍友平时喜欢在宿舍讨论一些异性间比较无聊的话题，他并不感兴趣，认为非正人君子所为，但是有时候又会被问到，被迫参与讨论，觉得非常苦恼。他让我帮忙问问您应该怎么办？

帮忙前问一声：Can I help you？帮忙时注意方式方法，帮忙后忘记一切。

告诉你的朋友，别苦恼。每个人都有自己的喜好，人家喜欢说，是人家的权利，自己不愿加入，是自己的自由。再说，青年人在一起讨论一些关于异性的事也属正当，只要不过分就好。正人君子就正人君子，有什么不好，时间长了，别人也就不会说了。

老师，我是一名“女汉子”，不太喜欢女生把自己包裹起来，不易沟通的性格。因此，相比之下，我与男生比较相处得来，女生好朋友比较少，请问这样好吗？

这没什么不好，不过，你毕竟生活在女生群体中的时间最多，与她们相处融洽显得更重要些。你不能只看到她们“把自己包裹起来，不易沟通的性格”，而应该看到女孩子一旦打开自己的心扉更易沟通的特点。男孩子的确有许多女孩子没有的长处，但女孩子更有许多男孩子没有的优点。

老师，我是班里的学习委员，有时候会向辅导员反映班级的一些情况。一次和辅导员交流时无意中将一个同学的小问题说出来了，没想到辅导员比较严肃地批评了这个同学，于是，有人就说我“爱打小报告”。我觉得他们误解我了，我该如何向他们解释呢？一段时间以来，不知道是什么原因，或许是方言重，或许是兴趣爱好不同，总之，我感到与同学之间有了隔阂。我该怎么办？

别去解释，只当没听见，因为你确实是无意的。辅导员处理此事不妥当，以后辅导员了解情况时你应当注意，有些同学的“小问题”确实不需要跟辅导员反映。

至于与同学间的隔阂，可能是因为方言差异，也可能是因为兴趣爱好不同，还可能是因为别人误解你是“爱打小报告”的人。如果是第一点，时间长了自会消除。如果是第二点，注意培养较为广泛的兴趣。如果是第三点，最好不要过多解释或刻意掩饰，沉默对消除误解是有益的，同时注意自己的言行，过一段时间误解自会消除。总之，少说多做。希望以上建议对你有益。

老师，我的交友原则就是真诚待人，问心无愧。生活当中我也是这样做的，但是发现很多人只是表面上友好，实际上并没有一样真诚对待我，而是待在他们自设的小圈子中，我该如何做？

这种“自设的小圈子”，是人们生活在陌生环境中特有的一种防护心理造成的，你应该原谅别人。能够维持着友好的气氛，是放下防备的基础，继续努力下去就会有好结果，交友不可太急躁。

老师，面对各种类型的人，如何把握好自己的语言分寸，才能取得对方的好感？另外，我是一名班干，请问如何处理好与同学和老师之间的关系？

以诚待人，树立个体良好形象。

与同学，先做朋友，再做班干。

与老师，先做学生，再做朋友。

在同学与老师之间，做桥梁和纽带而不做“二传手”。

到底是“左右逢源”好，还是“坚持原则”好，为什么有的人披着虚伪的面纱，却受到多数的赞赏？朋友间靠什么才能“友谊常新”和“友谊长青”呢？

对于不同的人当“左右逢源”，对于同一个人当“坚持原则”。披着虚伪面纱的人能受到对于“面纱”的赞赏，不必太在意，你自己当然更不必为了“赞赏”而去披一层“面纱”。

朋友间一靠心心相印，二靠彼此才学的相互吸引。

老师，我是一个不善于拒绝别人的人，有时候周围同学或老乡邀请我一起去参加活动，其实我内心是拒绝的，但是又说不出口，即使参与了也没有觉得很开心，反而浪费了自己的时间，耽误了该做的事情。请问我该怎么办？

我觉得在与老乡、同学甚至朋友间的交往中应该学会说“不”，因为我们每个人都有自己的事情。如果你的理由正当，而你的老乡或同学对你的拒绝又感到“拂了面子”，那么我觉得这样的老乡或同学还是离远一点好，因为他们不体谅你的难处，只可共乐，不可互谅。不可交之人，弃之何惜？

上高中时，我一个人独来独往，并不需要多少社交，进了大学，远离家乡，社交就显得重要了。做事时我总想和某几个人一道，然而总是碰壁，她们无视我的存在，或者说并没有注意到我的友好表示。老师，请问我该怎么办？

也许你中学时独来独往惯了，现在大概还不知道怎样让别人注意到自己的存在。再说，现在“显得重要”的社交关系并非一定得用做事时和某几个人一道来表现。大家都还不熟悉，都各自有事，何必强求呢？群居自有其好处，独处更有其妙处，两者当有机结合才是。人和人之间的感情是慢慢培养起来的，急不得，目前的情况是正常的，未必是“碰壁”，你要充满信心往前走。

我总觉得大学里人与人之间缺少一份真诚。当一个朋友或同学做错了事或有某些缺点时，为什么就不能得到包容呢？

新到一个陌生的地方，你是否立即就把自己的心扉完全打开呢？我想不会的，如果是的，我倒提醒你要适当注意。虽然人们大部分是好的，但有人会利用我们的单纯。相反，新到一个环境，谨慎些要好得多，比如说“当一个朋友或同学做错了事或有某些缺点”，你坦诚相告往往遇到不理解，就是因为你还不了解别人。有的人是不爱听批评的，不是吗？应该客观承认，防护心理是一个陌生环境中人们最常见的心理，一旦这种心理消除，真诚就不再是稀有物品。高中时代同学之间的真诚，也是在经过多年的交往之后才有的结果。我相信大学四年，你一定会感受到这种美好。

老师，我发现我有一个弱点，我总是很难真正了解他人，经常识人不清，也不懂别人究竟在想什么，而且，面对男女交往，仿佛有一道天然的屏障，不知道路在哪里，请问这是怎么回事呢？

第一，关于摸不透对方。

要了解一个人是要有很长一个过程的，因为人的天性都是在行为中慢慢揭开面纱的。因此，现在摸不透是自然的，要想摸透别人，必须通过观察和了解，我建议你多参加些集体活动。

第二，关于男女交往。

男人和女人本就是两个世界，要想打开对方的心窗绝不是件易事，所以有“天然的屏障”之感就不足为怪了。

老师，我是一个喜欢社交的人，但我发现我的社交能力很一般。我常常渴望得到更多的朋友，却没有能力主动去结交他们，请问我该怎么办呢？

你不是没有“能力”而是你不愿主动去和人交往，有胆怯心理。我建议你不妨试着先说话，找别人感兴趣的话题，比如穿着、学习、生活等等。把你和熟悉的人在一起时运用的交往方法运用到与陌生人的交往上，只是不要在心理上早早地预设“面前这个人是陌生人，千万要小心”之类的屏障，局面可能就会大大改观。

老师，在人际交往中，我往往不太善于赞美别人，我知道人人都喜欢听赞美之词，但我总觉得怪怪的，说不出口。请问是什么原因呢，我又该怎么办？

原因：

（1）你觉得说不如做得好，别人的成绩那是明摆着的，不说也无损于人。

（2）你担心别人虚情假意奉承你，所以你当然不希望自己去“奉承”别人。

（3）你担心说话不恰当会遭人误解。

（4）你很实在而且比较内向，重行动而轻语言。

对别人的赞美是对别人肯定和鼓励，只要表达恰当，就不会有反作用，而会促进人的进步。适当赞美别人是一件好事。你可以试着去说，可先说短一些的，如“真好”“真棒”“真漂亮”，习惯了可再丰富语言表达。你自己也会不断进步的。

老师，有句歌词唱到“有的人走着走着就散了”，请问如何避免朋友间感情的淡化？

你应该正确理解“淡化”，只要这种“淡化”不是心理上的疏远，如果是真心朋友，这是一点关系也没有的。如果不是真心的朋友，即使表面上再火热也掩盖不了心里的“淡化”，这种“淡化”是回避不了的，不必看得太重。

老师，我发现现在很难找到志同道合的朋友，请问该怎么办？

如果你热爱教育事业，你的朋友也热爱教育事业，那么这个朋友就是志同道合的朋友。不能在生活中去寻找“第二个我”，那是不现实的，天底下找不到两片完全相同的叶子就是这个道理。

老师，我有个关系很好的高中同学，很优秀，我希望她能不负众望，所以总是对她从严要求，可又担心管多了，让她生气，引起她的不满，不知如何是好？

只要这种严是从她的利益出发，你就不必考虑太多，等时间长了，她会慢慢理解你的。

老师，面对“凡事都爱走在别人前面，锋芒毕露”的评价，我该怎么办？

如果是对名利的追逐，“凡事都爱走在别人前面”，当然会招人议论，但如果是展现自己的才华、能力，客观上总走在别人的前面，那又有什么关系呢？让他们去说好了，说多了自然就不会再说，只要自己做得对，无需太在意别人的评价。

老师，我心中始终有一种失落感、孤独感，甚至有点压抑，有点痛楚，自己也不知是怎么回事，请问该怎样摆脱这种处境呢？

一般来说，有的人喜欢安静，有的人喜欢热闹，也有的人既喜欢安静，也喜欢热闹。你可以问问自己，是因为独处让自己过于安静而导致失落和孤独，还是因为独处时渴望热闹而不得导致压抑和痛楚。我的建议是，最好能把独处和群居相结合。安静得难过时，就去热闹的地方玩玩，热闹得烦躁时，就找个安静的地方看看书。总之，你应该学会通过一些方式调整自己的负面情绪。

老师，请问在许多问题上的观点都不同甚至相反的两个人能够长期相处下去吗？

我觉得要看这“许多问题”具体是些什么问题，如果是原则性问题，长期相处大概不可能。但作为一般的朋友还是可以的，因为朋友之间相通的东西哪怕只有一点也可以相安无事地相处。如果是较高层次或意义上的，比如成为密友、知音、爱人之类，就不可能了。如果不是原则性的问题，长期相处是完全可能的，并且和这样的人相处，你可以培养开阔的心胸，可以使生活充满色彩。

老师，为什么我感受不到人情的温暖，好像人与人之间的冷漠我躲都躲不掉啊。

在我看来，如果我们每个人都有一点自我批评的精神，对别人和环境少一点苛求，我们感受更多的将会是人情的温暖。如果确实避不开恶运，那么只有正视它才是最佳的选择，逃避是无济于事的。

老师，近来我总感到同学们相处表面上都是和和气气、说说笑笑的，可内心还是有深深的隔膜，难以真正倾吐彼此心声。我想多结交几个能坦诚相待的朋友，却感到很难、很难。请问我该怎么办?

要想别人对自己坦诚，你必须先对别人坦诚，这是我的体会。如果我们自己做到坦诚就不必再计较别人，如果别人不愿意和自己交朋友就不必强求，如果别人愿意，自然会坦诚待你的。

老师，我有一个感情问题的困惑。有个女孩，我不想与她藕断丝连，但又不忍心伤害她，不知该如何回应，我该怎么办呢?

首先你应当分析这份感情的成功率，如果有望成功，当然可以保持，但如果不太可能，不如早一天结束。考虑到不伤害她，你可以在语言上委婉些，但要做到明白而不含糊，不能说一些模棱两可的话，让她留有希望，要是这样的话，对她的伤害会更大，正所谓“当断不断，必有后患”。

老师，我习惯于独处，或保持一个很小的社交圈。但是，仅囿于一个人的小天地是不利于自己发展的，可从中跳出来很难，而且跳出来我又该走向何方呢？

从友谊的小圈子中跳出来要比从爱情的小圈子中跳出来容易得多，你完全可以“一只脚踏两条船”，只要对这两条船都无害，没有什么不好，就看你怎么跳了。

你先问一下自己跳出来的目的，自然就会知道跳出后该走向何方。

老师，我的名字谐音不太好，周围有些人就借此开玩笑，给我起一些奇奇怪怪的外号，其实我内心非常排斥和讨厌，但是又不好直接翻脸，怕这样显得我很小肚鸡肠。请问我该如何去避免这种事情呢？

如果这些外号并无恶意且无损自尊，那么你可以只当它是玩笑。其实名字不也是一种代号吗？有些时候我们青年人还喜欢喊一些昵称，不过是一些符号，但听起来也是很亲切的，是吧？要是一些恶意的、有伤自尊的外号，当然要适当警告他们，你不能简单沉默，沉默就是承认，会让别人养成恶习，于人于己都不利。当说的还是要说，这跟小肚鸡肠没有关系。

当发现自己的朋友有太多的缺点，并已给他善意的规劝，可他就是“屡教不改”，想和他分开，又顾虑重重，毕竟相处下来还是有友情在的，但维持这种现状，有时就要委屈自己。请问老师，我该如何是好？

善意的规劝是可取的，但考虑到效果，你还要注意方式、方法、场合和时机，如果真的“屡教不改”，分开倒也不必，适当保持一段距离即可，既不委屈自己，也不使对方嫌烦。另外，你要善于发现朋友的优点，及时给予表扬，再对其缺点给予适当规劝，也许会有好的收效。

我总是试图理解别人，宽容别人，而别人却总是不理解我，他们仅从自己利益出发，毫不顾他人的感受。因此，我觉得过于理解别人太悲哀了，也因此决定你不愿理解我，我也将同样不去理解你。老师，请问我做得对吗？

要想让对方理解自己，首先要让对方了解自己，对于不了解自己的人大喊“理解我吧”，是不合适的。反过来想想，我们不也是在了解别人的基础上去理解别人的吗？不然，我们的理解是站不住脚且有虚伪之嫌的。因此，我觉得你不必去苛求别人是否理解自己，而是先问问自己是否被别人了解了。据我自己的经验，要想让别人理解自己不是一件容易的事情，因为他首先得换位思考，站在你的角度来看待你的言行，而这并不是谁都能够做到的，所以有“知音难觅”之说。

因此，过于理解别人并不悲哀，相反你会活得快乐，因为你善于换位思考，这是一种好品质。所以，你也不用赌气，许多时候不是别人不愿理解你，而是别人因不了解你而不能理解你，你说是吗？

《论语》有云：“事君数，斯辱矣；朋友数，斯疏矣。”老师，世界上存在着亲密无间的朋友吗？普通朋友成仇难解，好朋友成仇则更仇，那么，我真的需要亲密无间的朋友吗？这实在是个令人困扰的问题！

虽然朋友间的距离是客观存在的，但相比较来说，世界上真的存在着亲密无间的朋友。普通朋友成仇难解，好朋友成仇如果是仇更仇的话，说明只是形式上的好朋友。是否需要亲密无间的朋友，一要看你是否有这方面的情感需要，二要看你周围有没有合适的人选。

老师，我想敞开心扉大胆地与他人交朋友，可又顾虑重重，怕情感一发而不可收拾，在心里输不起，请问我该怎么办？

我觉得你与其在那儿想，不如真去交几个朋友，还没交呢，你怎么知道会一发而不可收拾。不独交友，凡事如果未做之前就前怕狼、后怕虎，那么只有一个结局在等你，那就是一事无成。胆子再大一点，步子再快一点，看准了的，就大胆地试，大胆地闯。这话对你有益。

老师，我总喜欢一个人独来独往，逃避所有的人。但我喜欢上了一个女生，却又不敢跟她说。她好像对我一点感觉都没有。我该怎么办呢？

很明显，是你的认识和行为孤立了自己，因为你“总喜欢一个人独来独往，逃避所有的人”。你喜欢人家，却又不敢说，谁知道你是否喜欢她，是否愿意跟她交朋友呢？我建议你大胆地走出来，大声地说出来，不要自我孤立，勇敢地走出自己编织的藩篱。

老师，我有一个女生朋友，关系还不错，平时相处也挺愉快的。后来我渐渐感觉到她已经把我当成男朋友看待，但是我无意和她处男女朋友，又不想因直接拒绝而破坏两人的友情。请问我该如何处理才能既讲清楚又不伤害她？

没有法子，爱情这东西是很难说得清的。既然她对你感情那么深，你要是不答应，什么方式都是一种伤害，现在只能减轻伤害的程度了。

我看不如干脆把话挑明，早一点说比晚一点说要好。当然，你可以把自己的想法说出来，辅之以对她的高度赞扬和对自己的较低评价，告诉她这是不相配的选择。如果你依旧是模棱两可，她可能就会越陷越深。以上意见供参考。

老师，请问应该怎样与任课老师接触呢？另外，我最近发现朋友身上存在一些缺点，想指出他的缺点，但他是一个比较爱面子的人。我怕说出来关系会闹僵，失去我与他之间的友谊。我现在很困惑，请问在这种情形下，我应该怎么办呢？

与任课老师的接触，你自己要主动些，老师们不会不接待你。

关于朋友的缺点，我觉得你现在就指出还为时过早，因为你们的交情尚不深，不如再等一等。或许他自己能意识到，或许他自己一直把你认为的缺点当作优点。等一段时间，既可以加深友谊，又可以找到这个缺点生长的环境，同时还可以等到“挑刺”的最佳时机。

供参考。

我和曾经的挚友形同陌路了，我知道她对我有误会，可是我不想解释，只是缄默。我们那么久的心心相通，竟然因别人的一点挑唆就失去了长久以来建立的信任，我伤心失望地无力辩解。有人劝我说，即使内心难过，也未必需要表现出来。可我想，既然没有了内容，何必还要表面的形式呢？像日常的那些见面打招呼的废话，点头微笑的虚伪表情，我都认为是毫无意义的。请问，我的认识对吗？

因为别人的一点“旁白”就抹杀了长久的友情，丢失此人，有何可惜？只是你的认识我觉得不妥。即使是一篇文章，如果它的内容十分好而形式却糟得很，人们也会因为它没有好的形式而忘却它好的内容。与形式相比，内容固然重要，但如果因此而忽略形式是十分不妥的。因为形式和内容是统一的，没有形式的内容是不存在的，形式是内容充分表达的门户，正如眼睛是人的心灵之窗一样。你善良、热情，却不能很好地表达，这实在可惜。拥有一个朋友，便少一分孤寂，何乐而不为呢？非不能也，是不为也！点头、微笑也许对你并不重要，但对别人可能不同，因为这一个点头、一个微笑便是对别人的一种承认。我们不是都企盼着别人的承认吗？

老师，我们寝室的同学喜欢一起聊天，但是，有的同学讲话比较扫兴，一下子就把别人谈话的兴趣冲得烟消云散，请问应如何对待这样的同学呢？另外，我喜欢上了一个人，是否应该主动和她交流沟通呢？

我觉得这样的同学很值得同情，因为他可能并不想使大家因为他的话而谈兴全无，如果他自己知道这一点，肯定十分内疚和自卑。大家都是刚跨进大学校门，各方面的能力参差不齐，如果我们因为别人的不足就气恼，就讥笑，这真不好，因为我们自己也有不足的地方。所谓相互尊重，不独是尊重他的长处，还应当尊重他改正不足的权利。作为朋友、同学，我觉得不能只关注其表达，还应当看其本质，或许他正是一个尽讲实话，为人忠厚的难得的友人。

当然，如果你们的谈话影响了其他人休息，还当自省为是。

喜欢一个人只说明你很乐意与她交往，并不说明别的情感内容。主动和她交往，这会是一种快乐，何乐而不为？如果你的喜欢还有爱情的含义，我劝你还是忍一忍，因为你现在的这种喜欢还是感性的认识，对她尚无较多了解，对一个结识不久的人情感投入太多不是一种好的选择。

祝你好运！

老师，我是个不起眼的人，个头不高，性格不太开朗，不善于表达，看到别人谈笑风生，十分潇洒，不免感到有点自卑。尽管我也是经过自己的努力考上大学的，但家境不太宽裕，衣着朴素，同寝室有些同学出身城市家庭，经济宽裕一些，我相形见绌，如此等等都加重了我的自卑。请问我应该怎么办？

人立于世，都有自己独特的个性特色，而绝不是完全相同的面目。“谈笑风生，十分潇洒”仅是其中的一种，“性格内向，不善言谈”又是另一种，前者自有其长，后者也不见其短，特色尔，自卑何来，何必自寻烦恼？

我们每个人都无法选择自己的出身，就像我们不能选择自己的父母一样，不太宽裕的家可以造就我们艰苦朴素的优良品格，而优越的环境往往会使我们不知甘苦。经济宽裕，出手豪爽，形式尔，慷谁人之慨？父母而已，非自己所挣，有甚了不起，羡慕何来？

能够来到世间，这是我们的福祉，我们拥有的一切优秀的东西都是我们幸福的来源，何必太看重别人拥有的而轻视自己的财富呢？

祝你快乐！

老师，我在寝室里，有时候会突然觉得很沉重，觉得自己什么都不如别人；有时候到了本该一起做某事的时候，又突然想一个人待着，但又不能这样。总之，我感觉有许多事情不遂己愿，应该怎样去调节呢？

寝室里来了陌生人，或自己的老同学，也不知道应该怎样接待或说些什么，我该怎么办？

与人交往为何？为满足心理需求。满足需求为何？快乐尔！如果与某人交往并不感到快乐，我们有绝对的自由不与之交往。如果你觉得与寝室同学的交往并不愉快，也可以暂且不交往。但根本的问题并不在此，而是你自卑的缘故。为什么“觉得自己什么都不如别人”？你能和别人一同坐在大学的课堂里，就足以证明你有足够多的长处值得你自己欣赏，让人羡慕。谁没有弱点呢？何不以自己的特色立于人群之中？为何想要与别人相同或超过别人呢？

生活在人群中，并非万事皆能遂己愿，有许多时候是要遂别人愿的，只要这种冲突并不妨碍自己就可以迁就别人，有时稍微委屈一下自己也是必要的。总之，与人交往时当知这是一件快乐的事，因为你可以从他人那里学到不少东西，如果你犯愁或将其当作任务，你就不会找到合适的方法。

生活的内容有多少，谈心的话题就有多少。

老师，我有一个困惑。有时别人对我的态度有点过分，甚至冒犯了我，但我总是宽恕对方，甚至有点忍气吞声的意味，虽心里不满，却不愿当面指责别人，因为总想顾及别人的面子。请问老师，遇到这种情况，我该怎么做呢？

忍让或宽恕都有原则，一是为了团结，二是在不伤害自己的基础上，三是对对方缺点或不太常犯的错误的忍让。这些不是对错误的纵容，有时指责和不容忍是帮助别人改正错误，对别人负责，对友谊负责的好行为。

现在再想想，你该怎样做呢？

供参考。

老师，由于我很活泼热情，对人很好，在高中时，曾有人以为我对他有意思，搞得我十分气愤，因为我觉得我所做并未超出友谊的范围，于是立即与他绝交。现在我很想听听您的意见：请问，当别人误以为你对他（或她）有意思，该怎么办？

如果有人把友谊误当作爱情，可能有两种原因：第一，此人的德行有问题；第二，你自己在行为上没有把握好分寸，使对方产生了误解。因此，我觉得当这样的不愉快发生时，应当先冷静地分析一下原因，再与对方冷静地谈一次，说明情况。如果对方觉得不可以保持友谊，那么失之又有何惜？

供参考。

老师，我有许多朋友，过去我们曾亲如兄弟姊妹，但分别时间一长，再见面时就觉得无话可说，彼此间总有些隔膜，尽管我们平时通信什么都聊。这令我很困惑，是我的疏忽，对友情重视不够，还是像别人说的“宜小别，不宜久别”呢？

你可以将通信的内容读一下，看看有多长的时间，再与见面时的交流时间相比较一下，看哪个时间长，相信你会找出“再见面时就无话可说”的原因。如果从见面到再分别这段时间你们一直说个不停，那么这样不累吗？这不可能，也没必要，如果两人心心相印，定然可以“此时无声胜有声”，何必废话太多呢？相见本身就是一种快乐，何必苛求太多？

供参考。

我对朋友间的交往感到很茫然，过去的朋友在一个个疏远，新结识的却又无从去进一步增进彼此的了解，或者说，我一直找不到与人交往的具体方式方法。老师，请问我应该怎么做？

每个人都以自己的德行立于世间，而不是用交往的技巧生存于人群中，如果自己拥有美好的品质受人喜欢，这本身就是最好的方式，何愁没有朋友？与其刻意追求“具体的方式方法”，不如从完善自我做起，其实，交往从来就没有具体的方式方法。

供参考。

老师，寝室内部不够团结，室友之间相处不太融洽甚至有矛盾，个别人还有不良习惯。请问，我应该如何做，才可以使大家团结友爱呢？

第一，提高认识，减少误解。

到了大学第二学期，同学们在思想认识、知识水平等方面已逐渐开始有些变化，大部分同学开始寻找适合自己的天地，不仅包括知识领域，还包括人际交往，希望有自己的圈子，这都是正常的现象。正确认识这些现象有助于减少大家的误解和矛盾，增进团结。

第二，严于律己，宽以待人。

不必过于计较别人的行为，要知道从他那个角度考虑存在的就有合理性，不然他干吗要追求？不能用自己的生活观念、生活方式来要求别人，而应学会站在别人的立场为别人考虑，这样就容易做到“宽以待人”，但对自己要求要严，不能因为别人没有做到自己就不做。人格的形成，首先是严于律己，这样才会使自己在群体中树立良好的形象，搞好人际关系，说话才有人听，才有份量。

老师，我是一名班长，对于班长来说，班级同学的支持非常重要。请问，作为班长，应该怎样和同学们处好关系呢？

对于你——一班之长——来说，怎样才能和同学们处好关系，这个问题并不难，首先是做他们的朋友，然后再做他们的班长。毛主席说：关心群众生活，注意工作方法。古语有云：得人心者得天下。想必这些会对你有益。

祝愉快！

俗话说得好，“万两黄金易得，半个知己难求”。请问老师，当遇到知己时，我们应该怎样去珍视、维护这份情谊，而永远不会出现裂痕呢？

我觉得应该破灭的终究是腐败的、虚幻的，而纯真的、善良的、美好的受到无辜的摧残，只是人类自身的悲哀。请问老师，除了哀叹，大学生应该怎样挑起社会的责任？

当遇到真正的知己时，你可以把这份感情放在心中的圣殿里，用自己的行动为之付出一切可以付出的东西，放弃一切应该放弃的东西，在这样的相处当中，一切都返璞归真，没有半丝的掩饰和虚荣。

大学生要想挑起社会的责任，必须从我做起，从现在做起，哀叹是不管用的。

老师，我不是一个交际很广泛的人，请问怎样才能拓宽我的交际面？

首先，努力消除自己封闭保守的心理。其次，树立良好的个人形象。再次，积极参与、推动甚至组织一些集体活动，比如舞蹈比赛、知识竞赛等。最后，主动向那些性格内向的人伸出友谊之手。

老师，怎样才能找到几个同过去一样知心相交的朋友，建立纯粹的友谊，来充实自己的大学生活？人们不是常说朋友不在多而在真吗？那么在求学阶段多交朋友是否影响精力？

回想一下，当初交知心朋友都做了些什么，是怎么做的，然后把这些方法适当加以调整，即可用到目前的生活中了。一段时间之后，交到几个知心朋友，我想不成问题。

说朋友不在多而在真指的是那些知心朋友，而实际生活中仅有几个知心朋友是不够的，还要有更多更广泛的朋友。求学阶段多交朋友，只要处理得好，不会影响精力。比如，球友可以在打球时交往，棋友可以在下棋时交往。

老师，您好！我有两个问题请教您：

（1）我在人际交往中，常常不能做到善解人意，请问该怎么办？

（2）我关于交朋友的观念比较刻板，只想结识脾气相投的好友。请问对此您怎么看？

你要经常站在别人的角度来思考和解决问题，你应该清楚自己的观点难免有失之偏颇的时候，别人的意见常是十分有益的参考，争执会给人武断的不良印象。另外，这样还可能使你失去学习的机会，而且解决不了问题。

你要善于发现别人身上的优点，应当与那些虽脾气不太相投，但有许多优点的人交往。这不仅可以使自己快乐，扩大交际范围，而且会使自己在交往中学到许多有益的东西。只求脾气相投，会使我们的眼界变窄，心胸变小。

老师，我想知道我是不是有必要扩大自己的社交范围，以提高自己各个方面的能力呢？

我认为有必要，因为将来的生活会面对各种人和各种事。大学不只是学习的地方，也是锻炼的地方。学习和锻炼都是为了将来更好地适应社会。虽然现在平淡是真，但是何以能够面对将来呢？人们不是常说，多个朋友多条路吗？

老师，您好！我有几个问题请教您：

（1）我在人际交往中常常感到委屈，而且一遇到委屈和挫折，我就会很想我的父母，请问该怎么办？

（2）在班级里，我总是强制自己去做一些班级要求做但自己并不想做的事情。这是所谓的树形象、顾面子吗？

（3）请问如何去找一个知心朋友，标准又是怎样的呢？

关于第一个问题：这不好，在外面与人相处难免有摩擦，受委屈也是常事。可你想想，别人不也觉得委屈吗？受委屈就想父母，更说明在过去的生活中，你缺少人际交往方面的锻炼。因此，你应该感到高兴才好，受点委屈使自己长大，这是千金难买的好处。当然，不必想父母，即使父母在身边，委屈还得自己受，这又不是什么物品，自己不想要可以给别人。这种依赖思想，不利于磨炼自己，生活是每个人都必须独立面对的。

关于第二个问题，我觉得这不是树形象、顾面子的事。我们生活在群体中，要想使群体达到和谐统一，就要求每个个体必须学会接受许多不想接受的东西。将来工作，走进社会，我们也还是生活在群体中，所以现在必须加强这方面的锻炼。

关于第三个问题，我觉得这要看你把知心朋友的标准定得多高。在我看来，一个能理解自己，了解自己较多，对自己真心真意的人就可以做知心朋友了。

老师，在日常相处中，有些人确实很让人讨厌，我只好躲着他们，尽量不和他们接触。请问，如果你是我，你会怎么做？

我有过这样的经历，开始也是躲，可是一个班的同学躲不了，后来在接触中渐渐发现了他们的优点，也就不讨厌了。我们常常感觉一些人令人讨厌，比如好发牢骚，好阴阳怪气地说话，等等。事实上，这只是一些人在人际交往时不好的习惯，往往掩藏了他们的内在品质。只要这个人本质不坏，我们何必太计较外在的表现形式呢？所以，善于发现这些人的优点，是消除讨厌他们的良方。

老师，每次当我想与某一位同学进一步加深友谊，走近他时，却在一段时间后，发现他的许多缺点，心中便慢慢开始疏远他。这让我很难过，难道交知心朋友真的很难吗？

知心朋友不容易找，所谓知音难觅。朋友间是有距离的。每个人都拥有一个独立的空间，这个空间对于别人来说可能是充满魅力的工厂。

但一旦闯入，你不仅会看到它生产出来的漂亮产品，还会看到这个工厂里的许多不足。我们自己也一样，总有不少缺点，相对于某个特定的人来说是不可容忍的。如果不能包容这些不足和缺点，友谊就不会持续了。你还要认识到，朋友间交往的距离是由远到近逐步缩短的，而不能先近后远。你的不妥之处就在于你想与某一位同学进一步加深友谊时，就自己主动走近他，主动拉近距离，但发现了人家的不足，又不愿意包容，从而使自己的情感首先受挫。所以不是你交不到朋友，而是你处理的方式不妥。在现实生活中，人们一般都希望相互之间适当地保持一定的距离。这样做的好处在于，可以给双方一个自由的空间，既可以选择包容从而进一步加深友谊，又可以选择退却而不至于伤害彼此。

老师，您好！我有几个问题想请教您：

（1）我比较看重交往的第一印象，这样做是否好？如果不好，请问应该如何克服呢？

（2）我比较喜欢三两人相处，讨厌太多人喧嚣，请问以后是否要改变？

（3）俗话说“多个朋友多条路”，请问您怎么看待这句话？

（4）我喜欢平淡相交，却被人利用，请问我该怎么办？

（5）请问朋友是少好，还是多多益善好呢？

别人与你第一次交往时可能并未刻意打扮，单从外表上看，容易给你留下不好的印象。若你就此作为判断，显然是不合适的，因为人家并不是一直在等着你的来临。另外，第一次交往，常常只能了解到别人很少的内容，如果那一次正好别人有什么不愉快，你就啥也不了解了，要是因此而对人家有意见，他岂不是很冤枉？因此，以第一印象而决定朋友取舍不妥，应加以克服。克服的方法很简单，即淡化第一印象。多交往几次，多注意了解，然后再下结论。

喜欢相对安静并没有什么不好。如果改变并没有使你感到很快乐，我觉得不必改变。

“多个朋友多条路”，这要看你对这条“路”怎么理解。如果只是为了办自己的事，就是对友谊的玷污。如果这条“路”主要是精神上的帮助和慰藉，是在需要的情况下相互帮衬，那么是值得推崇的。

如果被人利用了，我觉得办法只有一个：快刀斩乱麻，远离这样的人。

知心的朋友，少好；普通的朋友，多多益善。

老师您好，我热心地帮助同学，却遭冷遇，请问我做错什么了吗？我该怎么办？

要知道，有些人虽然在某些方面不足，但不太乐意别人去帮忙，他们认为这是自己的短处，被帮忙就暴露了自己的不足，甚至是伤了自己的自尊。这种认识姑且不论对错，但不足也算是人家的隐私吧。因此，你帮助同学而遭冷遇，要先问问自己他是否需要你帮助，你是否在了解情况或在帮助过程中，伤害了他的自尊心。如果都是否定的，那么我觉得你没必要自责，因为你并没有做错什么。如果是伤了他的自尊，当注意主动找个适当的机会道歉，也可单独把自己的想法说给他听。真不行，你也不必强求。

老师您好，请问与个性强、脾气坏的同学相处，是不是单方面忍让就能处好？对印象不好的同学，是不是一定要改变印象，我又应该如何与之相处，或怎样才能处好呢？

不能够单方面忍让，你可以在适当的时候给他一些反击，使他知道个性强、脾气坏是不能让人容忍的。当然，在这之后你还是要与之和睦相处。

首先你要对“印象不好”这个结论作必要分析，是对其外在的印象不好还是内在品质的印象不好。如果是前者，就改变印象，与之相处；如果是后者，就没有必要改变。

老师，我是一个学生干部，常常在同学和辅导员之间走动，我不知道该如何处理好与同学、与辅导员之间的关系，生怕汇报工作不当会得罪同学。一些同学的背后议论和对我的不理解，我也不知道是否应该解释。您能给我一些指导吗？

与同学相处，首先是诚心诚意，作为学生干部，你还要主动热心地为大家服务，真心真意与大家交朋友。

与老师相处，应尊敬、诚实。作为学生干部，注意配合搞好班级工作，对于班级工作可适当提出自己的看法，自己的工作也应主动地向辅导员汇报。

学生干部处于同学与老师之间，要注意不能简单地做“二传手”，不经过思考，就把辅导员的话传到同学耳朵里，或把同学的想法、做法、小错误都原原本本地汇报给辅导员。这些都是不妥当的。你可以根据接收信息的对象对要传达的内容进行适当加工，效果可能会好些。

对于同学对自己的议论和不理解，除了在必要的场合作一些适当解释之外，你最好用自己的行动来证明自己，不要太在意别人的闲话。

老师您好，我在人际交往中，喜欢多看多想，比如从女生那里发现她们的外在美，并把这与她们在行动中表现出来的追求品质美叠加起来，寻找其魅力之所在。我也喜欢这样观察男生，但又畏人言，怕人家拿我开玩笑。请问我这样做对吗？我是一个爱憎分明的人，对朋友间的好恶往往都溢于言表。请问这样是否合适，我该怎么做？

你说你乐意通过多看多想，寻找同学的魅力之所在，我认为这没有什么不好。只要观察这种行为没有不良的动机，我想不应该去畏人言。

爱憎分明、溢于言表是无可指责的。但是这样做不利于保护自己，因为很多时候，我们不仅应该表达爱憎，同时还要不使自己受伤害。这样的表达才是有价值的。正如鲁迅所主张的“韧”的战斗，而不能赤膊上阵。目的只有一个，不仅充分表达感情，还使自己有更多的机会去表达。溢于言表是需要慎重的。

老师您好，和朋友通信时，我常常觉得回信负担重，因为不知道该说些什么。请问，我应该怎么办？家人和亲戚朋友们常说，要搞好人际关系，将来好办事，人际关系不好会影响自己的生活。我很不以为然。请问我是否正确?

不一定每封信都要及时回信，如果觉得来信中没有谈什么有价值的东西，只是交流一下信息，那么你可以拖后一些时间或者不回信，这样可减轻压力。该说什么取决于朋友关系的亲疏，比如你自己情感世界的事，只需对了解你情感的人说，如果不是这样的朋友就不说。

搞好人际关系并不一定是为了“将来好办事”，你是正确的。但是人际关系的好坏的确“会影响自己的生活”，因此你应该扩大人际交往，但不用刻意追求，首先要使自己感到快乐。

老师您好，我是一个内向的人，不爱表达。来到大学后，身边的同学都对我很好，时常在学习和生活中为我提供帮助。我心中很感激，但总不好意思说出口，请问我该怎么办?

这是不妥当的，因为感激的话不仅是对别人劳动的尊重和承认，对别人能力的肯定，而且说明你对他的帮助是需要的。如果不说还可能会造成别人的误解："他可能是不需要我帮忙吧，我真是自作多情。"你瞧，说一些感激话有益无害，何乐而不为呢？

老师，友谊同爱情一样，也是应该付出真心的，不是吗？可是我付出了真心，我的友谊和爱情在哪里呢？

就在你的身边，但如果你过多地要求，便不会得到，就像别人不能过多地要求你一样。当你第一次看到我时，你就会把你现有的一切告诉我吗？显然不会。我能因为你没告诉我而说你虚伪吗？当然不能。你说，"友谊同爱情一样，也是应该付出真心的"，可并不是付出真心就可以得到爱情，不是吗？你感到难过和疑惑的原因是，你不仅忽视了过程（这种付出和得到都有一个漫长的过程），还忘却了友谊及爱情的对象性特点。友谊和爱情可以是同一个异性的对象，但是，如果只能是友谊，就不能奢求爱情。

老师，在高中我有一位好友，关系非常亲密，上学时总是形影不离，高考后我们到了不同的城市，也各自认识了新的朋友。我和他都是重感情的人，即使现在不在一起学习，我们的友谊也一直在持续。但由于每天的所见所闻与生活环境不同，我仿佛与新朋友有更多共同话题。如何处理好新、老朋友的关系，这让我很纠结，老师您能给我点建议吗？

新朋友多花点精力，老朋友少花点精力，这是可以的。但不可偏激，有了新朋友就忘了老朋友是不妥当的。给老朋友写几句问候的话，互通信息，有机会也可以见一见面。要知道你有了新朋友，同时也为你的老朋友带来了新朋友。

老师，我觉得身边有些老师对待学生总是居高临下，我认为大学的师生关系应该是更加平等和谐的。请问遇到这种情况我应该如何调整自己的心态？

尊重老师，这是十分必要的。但如果过分要求，甚至摆出架势来掩饰内心的空虚以赢得尊敬，这样的老师是不合格的老师，你不如敬而远之。至于居高临下，那是他自己心理上的需求。如果我们不仅感受到，而且迎合他，岂不正好满足了他的虚荣心？我们没有义务去这样做。

老师，男生寝室日常总喜欢敞开寝室门，部分同学总喜欢串门聊天，但我个人比较喜欢安静，不喜欢让其他同学随意出入自己在寝室的私密空间，不喜欢受到他人的打扰，请问我该怎样做呢？

住在集体宿舍，只有一个地方是最安静的，那就是心灵。古语有云，境由心造，此言极是。你能做的是保护好自己的私人物品。

老师，我是一名来自农村的孩子，家境不好，性格内向。我渴望与同学们交流，结识朋友，但交往中有羞怯心理，一方面害怕社交会耽误学习的时间，另一方面害怕不受待见，遭受交友挫折。请问老师，我应该怎么办？

如果没猜错，我想你的日子肯定很不好过，因为你“怕”的太多，怕这又怕那。哎，这样下去怎么办呢？生活中充满矛盾，如果我们看待一个问题，总是首先想到它的负面，那我们还能体会到什么生活乐趣呢？如果每做一件事都首先想到它会给我们带来不利，那么我们还愿意做什么事呢？如果你不怕挫折，你就不会“闭关锁国”，也不会有羞怯心理，更不会怕被人说笑，虽然没有钱，也不会有什么不好意思。至于时间，只要安排得当，不会耽误学习，何况交往本身也是学习的一个方面，所以我建议你大胆，大胆，再大胆。

老师，新学期要开展班委竞选，我之前没有学生干部经历，相对其他同学来说没有丰富的工作经验，其次我个人比较内向，学习一般，这总让我感觉到自卑。我对自己毫无信心，但我还是很向往成为班委，为同学们服务，为班级做贡献。老师您能给我一些好的建议吗？

经验是在实践中取得的，信心是在实践的成功中逐渐增强的。自卑是主观主义的产物，我们应该旗帜鲜明地反对主观主义。

老师，我感觉自己每天都生活在自己的小圈子里，每天和室友一起教室、宿舍两点一线，很少有机会认识其他朋友。请问我应该如何扩大自己人际关系的范围呢？希望老师能提点建议。

积极参与各项校园活动，不要封闭自己。

当发现别人的缺点时是否应该婉转地表达？我经常会对室友的一些不足毫无保留地指出来，但一直不见效果。我感到很无助。老师您能给我一点建议吗？

是的，不仅要婉转，而且要注意场合和用词。如果说而无用，那么不如不说，沉默是金。

老师您好，我是一位女生，性格内向不善言谈，尤其是遇到陌生人或男生，不知道如何交流。请问老师，我应该怎么办？

别人无法使你开口，除非你自己认识到交往的必要性。而这种必要性是无需多说的，因为这是生活的一种需要。

老师，我是一个热心肠的人，喜欢帮助他人，但有时好心帮助他人非但得不到感谢还遭遇冷落，常常好心办坏事。请问老师，我应该怎么做？

并不是所有的人，所有的事都希望别人帮忙。即使我们自己有困难，也总希望亲近的人帮忙，因为外人帮忙，我们不仅要感谢，同时也接受了一份账单——情感的账单。那些不愿与人相处的人，当然不大乐意别人在没有被求助的情况下给予帮助。另外，有些人的困难是一种隐私，你贸然帮忙，可能会无意中侵入别人的心灵领地，当然会受到白眼。

老师，我性格内向，内心自卑，在日常交往过程中常有羞怯心理，这对我的人际交往产生了负面影响，请问老师我应该怎么办？

我觉得你应该充分认识现在的形势。这是一个开放的社会，将来你是一个要走上讲台，面对学生的教师，还要与各种人打交道，所以，不交往、不具备一定的人际交往能力是不行的。当然，要辩证地看待自己的个性。性格内向，也有内向的优势——善于思考，能够保密，不喜欢背后议论人，重行动轻语言，有主见，等等。你应该扬长避短。那些整天叽叽喳喳的，表面上朋友多，跟谁都合得来的人，真正的知己并不多。因此，你应该大胆一些，否则，到上讲台的时候就麻烦了。

自卑是因为你把自己看得太轻了，老是拿自己的短处去比别人的长处，那怎么行呢？谁都有长处，也有短处。好多人没考上大学，而你考上了，这一点就说明你很不错，有自己的长处，还是不一般的长处呢。因此，你应该树立自信心，坚信别人也有不及你的地方，这样就会逐渐改变这种阻碍自己前进的心理。

老师，我个人非常讨厌见风使舵的人，我常在生活中与这样的人产生一些小矛盾。请问老师，我该怎么办？

你所说的“见风使舵”可能是恶劣品德的外现，也可能是交际中的一种技巧，不能全盘否定。比如与不同的人采取不同的交往方式，这是值得肯定的。但如果是他的一种恶劣品质（在长期交往中能够发现），那么你不必与之交往太多。换句话说，你不必计较矛盾的产生，甚至不值得与之产生矛盾。

老师，我是一名来自农村的大一新生，在和室友相处过程中因为普通话不标准、交往能力弱等原因，有一些不适应，感觉自己什么都不行，不知道该怎么和她们接触、“推销”自己。那些不同凡响的女生能成为我的好朋友吗？您能给我一些建议吗？

根据你写的情况，我给你如下建议：

（1）加强普通话训练。

（2）提高自身素质，在必要的时候向同学们展示一下自己，向她们证明“别以为咱们乡下人什么都不行”。

（3）寻找与她们接触的机会，比如一起上课、吃饭等。

（4）不同凡响的女生不一定品德修养就好，如果不值得交往，作为普通同学相处即可。

（5）平时做到少说话，多为别人做点力所能及的事，用行动来“推销”你自己。

老师您好，面对复杂的人际关系，我总觉得无所适从。请问老师，我应该怎么办？

我觉得问题在于你有一个错误的认识——认为人际关系复杂。如果仅从形式上，从与那些心怀叵测的人交往中感到人际关系复杂，应该说有一定的道理。但在你目前生活的圈子中，这种复杂往往没有多少市场。你现在的感觉，一是因为大家都不怎么熟悉，二是因为高中生活相对更简单，人际交往较少，缺乏经验。我认为你应该改变这种认识。其实，诚心待人，就可以以不变应万变了。

老师，我的性格很直爽，不拘小节，也不善于察言观色，常常有话直说，没有注意到他人的情绪，或者没有把握好分寸，很容易得罪他人而不自知。请问老师，我该怎么办？

与察言观色相比，语言表达更重要。所以你在语言表达方面应该加强锻炼。把握交往的分寸，不是一天两天可以做到的，需要在交往中慢慢揣摩。人际交往，正如学习、吃饭一样，是生活中重要的组成部分。因此，你应当加强这方面的锻炼。分寸的把握是靠每个人心中的那把尺子来量的，量得多了，自然就准了。

老师您好，我有两个问题请教：

（1）我委婉提出别人的缺点反遭疏远怎么办？

（2）请问如何对待别人的嫉妒呢？

不要急着去解释，一段时间后再重新相处（如果你觉得弃之可惜的话）。千万别再随便提出人家什么缺点，因为这样的同学比较爱面子，但他会在自己的行动中自我矫正。所以，如果你觉得他哪方面弱，作为好友，你就在那方面加强，让他自己去感受并改正，会好起来的。

别人嫉妒你，是因为你在某一方面比他强，而他又没办法提高自己。消除对方这种心理的办法是与他相处时尽量低调，不要让他感到你比他强。

老师您好，对于应当疏远的人，如何才能熟视无睹？对于必须予以还击的进攻，如何做到有理、有利、有节？

对于应该疏远的人，你可以先从心里把他们抹去。

因为对方理亏，迫使你还击的，这叫有理。你还击的同时能保护自己，这叫有利。给对方予以还击之后，或者说，让他知道你不是好欺负的之后立即鸣金收兵，而不是把他置之死地而后快，这叫有节。

老师，我是一个嘴巴比较笨的人，导致欠了老乡太多的感情债，请问应该怎么还呢？

最合适的办法是，用他们待你的方式来待他们，同时结合自己的特点，适当地加强口头表达能力。从你主持的讨论会看，你的表达能力并不差。是不是觉得虽然是老乡，但仍是陌生人，所以无话可说？要是这样，我觉得你可以找一些别人感兴趣的话题，而且交谈的时候，不一定要滔滔不绝，适当的停顿也是一种美，不至于使人感到节奏太快而思维跟不上。如果你实在觉得欠得太多，那么你可以省点口粮钱，请他们看场电影，顺便说一下这样的话：感谢大家这么长时间一直很关心我，我刚来，又嘴笨，不晓得怎么感谢你们。这场电影还不错，就让电影代我向你们表达谢意吧。你看这样处理怎么样？

老师您好，请问作为学生如何与老师相处呢？对于宿舍中不尊重个人卫生习惯的人怎么办？

首先，你自己要主动。每位老师都要带很多学生，而且平时都比较忙，所以一般和同学接触少，相关班级工作也多是与学生干部沟通。但你自己主动些，找任何一位老师都会受到热情接待的。其次，大学不同于中学，除了辅导员外，任课老师一般最长的是代课一年，然后就换了，有时一门课甚至要换好几位老师。所以，要完全记住老师也不是十分容易的。

住在集体宿舍，常常出现一些现象，比如打扰他人的生活空间，丢一些小东西等，这些都是很正常的，并不代表他们有意找你麻烦。因为每个人都有自己的习惯，集体生活中我们要相互包容。再说，有的小插曲也能增加一些生活乐趣，你说呢？

老师您好，在大学里想交知心朋友，但总觉得大学不比中学，同学之间有些疏远，难道大学里没有真正的友谊吗？如何才能扩大自己的交友圈呢？

你以前那些朋友是怎么来的？是一下子就成了知心朋友，还是通过先认识后交往，再深入交往，然后才成为知心朋友呢？我想是要有一个过程的吧。

想扩大交友圈，你自己要主动些，可多参加一些活动，比如打球，听报告会，听讲座，参加学生社团以及各种文体活动，等等。

老师，我是一个有着远大目标的人，我希望我的努力能够使我们的民族，我们的国家称雄于世界。我曾与老友相约将来都到生活中去搏击中流。因此，我平时不太在意和同学之间的交往，我觉得与他们的交往除了浪费时间之外，没有什么益处。我常常回忆与老友在一起的日子，那才叫友谊，但我因此被同学嘲笑。请问老师，我该怎么面对？

我一点也不觉得有什么可笑之处，相反，我感到你有不少优秀的品质，而且这些品质将使你自己走向光明，无需我去指点。比如你希望通过努力“使我们的民族，我们的国家称雄于世界”，“与老友相约将来都到生活中去搏击中流”。这是多好的目标啊！如果我们这个时代的青年人没有一种这样的或类似这样的目标，我们国家和民族的希望在哪里呢？我们青年人之所以有朝气，就是因为我们有玫瑰色的梦。这有什么不好？

嘲笑你的人才是最没希望的。

但是我们还得面对生活，不论我们的目标多么远大，我们都不能舍弃生活的一些必要的组成部分。就如吃饭和睡觉那样，交友也是生活中一个必要的组成部分，是我们作为人的情感世界中所必不可少的。正因为如此，交友或回忆旧情成为一种渴望，一种必需。你看，你不是常常回忆老友吗？所以我觉得你应该抽出一些时间来与同学相处，不要自我孤立。我们不能总是生活在回忆或畅想中，只有现实才是我们通往理想王国的唯一途径。所以我觉得你还应该真正投入现实的火热生活中。

我相信将来你定会成功。

老师您好，我感觉自己与老师交往时有害怕心理，与社会人交往时有自卑心理，该怎么克服呢？另外，我感觉同学之间都有一层看不见的隔膜，虽然都很友好，但内心都不够坦诚，您怎么看这种现象？

我觉得你应该增强自信，比如充满信心地往老师面前一站：老师会喜欢我的，因为我是他的学生。我能向他展示的就是我的聪明和好学，老师怎么会不喜欢我呢？你可以先在那些你不是很害怕的老师面前试几次，次数多了就习惯了。与社会人交往时还要看到自己的长处，自卑的根源就是比较失当。拿自己的短处与别人的长处相比常会造成这种现象。增强自信的方法之一就是要学会拿自己的长处去比别人的短处，在实践中能扬长避短，同时还应该看到，每个人都有自己的长短。有不足十分正常，你不必介意。

同学之间不够坦诚是在一个新组成的集体中常出现的正常现象，是大家正常的自我防护心理的外在表现。时间长了，大家相互之间熟悉了，这层隔膜就会自然而然地消除。

老师，我认为友谊应该是平平淡淡、简简单单的。所以我对于一般的社交活动都有一种本能的抗拒心理，什么都不想参与。我觉得这些形式毫无意义，而且我不善于介绍自己，可我又想拥有往日的友情。请问老师，我该怎么做呢？

我觉得你的重要问题在于你理解的友谊是“平平淡淡”“简简单单”，这是不妥当的。正是这种不妥当的认识才使你“对于一般的社交活动都有一种本能的抗拒心理，什么都不想参与”。这种外在的表现形式，加上你“不善于介绍自己”，所以你给人的第一印象可能是缺乏热情。这便不能很好地调动对方与你交往的积极性。我们说“简单”和“平淡”应该是指友谊的建立不必太繁琐，或让大家感到累，而不是“平淡”或“简单”到别人不愿跟你交朋友。我建议你改变目前的自己，不要太封闭，否则你只能继续等待。

老师您好，与大学老师以平等的朋友的态度交谈好吗？另外，我不喜欢同学或老乡之间无意义的聚会，我喜欢那种淡淡的君子之交，不喜欢说那些“最近身体好吗”“你的衣服多少钱”之类的话，但总是拒绝聚会感觉又不太好。请问我该怎么办？

与教师的交往，自己要主动些，特别是在大学。每个老师都有很多学生，对于老师来说，每个同学都照顾到显然不可能，但老师们都很开心有学生来找他。只要你主动，机会总是有的。在与老师交谈时不应当受拘束，能够“以平等的朋友的态度交谈”没有什么不好，一般老师们都能做到。尊敬老师重要的在于内心而不在于形式，虽然形式并不可随便省略，但稍加注意即可。

同学聚会次数适当，当是加深友谊、增进了解的好方式。“淡淡的君子之交”并不是很少往来，而是“交友的双方主要在精神上进行交流”。而精神的交流，聚会也不失为一种好方式。交友过程中或者说聚会过程中不独是情感的交流，也是信息的交流，当然也包括“最近身体好吗”“你的衣服多少钱”等内容。过多的聚会是不必要的，你可根据情况适当减少，以使自己不感到累为好。

老师，我认为要保持同学间的友谊，应该不断地进行自我检查，因为友谊是两个人之间的事情。但刚进大学，我好像不知道该怎么样去交友，时常处于矛盾之中。

我很赞同你的友谊观，你认为要保持友谊，“应该不断地进行自我检查”，这是很好的。有些同学之所以没有好朋友，或者没有长久的朋友，其中的一个原因就是不善于或不愿自我批评。你提到不知怎样去交友，但我觉得有你这样对于友谊的认识，大学四年是不愁没有好朋友的。目前大家了解不多，许多现象都是暂时的，你要保持在集体中树立良好形象，不用愁没有人来找你。

老师您好，请问您如何对待朋友或高考落榜同学经常的书信往来？我有一个关系很好的女同学高考落榜了，我怕写信太多容易引起她的误解，可是不写好像也不合适，我该怎么办？

不论是朋友或落榜的同学，写信都当是有话则长、无话则短。如果实在太多，可适当减少频率，不必回信一到就复信，可适当拖一拖。如果他们需要精神上的力量，就写些能起到这种作用的话。要知道写信对于你来说仅仅是会耽误一些时间，但对于落榜者来说可能是动力的源泉。及时给予激励也是朋友间应尽的义务，你不必太介意这种正常的往来。

我看还是多安慰和鼓励好，只要身子正，何惧影子斜？只是在行为上不要使她有模棱两可的感觉，态度要明朗，语言要准确，是不会出问题的。

老师，我自己性格不够文静，和那些“文绉绉的小姐们”相比，总是显得很随意。我担心这样的个性很难有好朋友，我该怎么办？

如果你成为那些“文绉绉的小姐们”的朋友，你的不文静对于她们来说也许就是一种可爱的个性。如果你总是太随意，令她们讨厌，她们当然会不喜欢你。所以，树立良好的形象是你现在必须做的。当然这种良好形象是有个人特色的，比如虽然好动，但很热情很善良，诚实不自私。你平时注意不要总是独来独往，不要斤斤计较，要主动融入集体中去。

老师您好，我总是刻意地注意自己的行为，活得好不轻松，请问我需要改变吗？

我认为人生本来苦短。所以，我不喜欢身边同学那样蝇营狗苟，如果相互之间多包容，何必计较太多。不过我最近倒真有一件放不下的事情，另一个学校的老乡多次邀请我到他那儿去玩，我一直没有去，感觉很过意不去。怎么办？

“注意自己的行为”这是生活的基本功，就像跑步穿跑步鞋方便些一样，但开始的时候总不习惯。“刻意”，所以才不轻松，习惯了就会好起来。

如果到老乡那儿去仅仅是为了玩，真不如不去，因为你没有时间。“人生本来苦短”，“何必计较太多”？

老师您好，请问如何与以自我为中心的人相处？我觉得自己现在的生活圈有点封闭，请问怎么去改变呢？

以自我为中心的人，敬而远之。

生活的色彩是靠自己来上的，如果你觉得封闭，那么可以主动做一些改变，例如，换一个自习的场所，多参加一些社团活动。

老师您好，我们的辅导员对我们要求很严，平时不苟言笑。我们与这样的辅导员之间会有情感交流吗？另外，我们到学校已经一个多月了，同学之间却很少走动。这样的状态如何进行人际交往呢？

我觉得与辅导员是应有情感交流的，但如果辅导员因工作太忙或别的什么原因没有顾及或并没有看重这一点，我想你不必太注重这种情感的交流，但平时应注意尊重辅导员，因为无论怎么说他都为大家付出了劳动，他的心里可装着130多号人呢！关于“要求很严”，我觉得你只要不做违反校纪校规的事情，辅导员是不会有意为难你的。

人与人的交往一般都是某种需要的产物，而不是没事干的时候大家聚到一起来“交往”一下。你们目前的同学关系是暂时的，等到班级集体活动多起来，大家渐渐熟起来，这样的现状是会改变的。另外，你自己要主动些，这种局面会很快结束。

老师，您好！来到陌生的地方，谁也不认识，所以我日常与老乡交往很多，这样好吗？老师，请问您如何看待大学生恋爱的问题？

不独与老乡的交往，即使是与一般朋友的交往，如果不是学习或生活上的需要，来往过密的话都不能说是“好”。因为这样做，一是浪费自己的时间；二是浪费别人的时间，也许别人有事可又不好意思拒绝，时间长了别人会觉得烦的；三是过多地和老乡交往不利于拓展交友范围。因此，你可以分出一部分精力交往更多的朋友，收获会更多。

在当前这个阶段，我认为还是不涉足爱河的好，因为爱情是以婚姻为结果的，若不是这样，则是一种游戏，拿情感作资本的游戏。大学生谈恋爱必须面对恋爱与学习、恋爱与经济、恋爱与交友等一大堆难以应付的问题，能上大学不容易，何不轻轻松松过四年？

老师您好，有时候与朋友之间会有争执，闹得很不愉快，虽然后面一起说开了，但还是觉得跟以前不一样了，好像有了隔阂，请问我该怎么办呢？另外，我的一个朋友怀疑我看不起他，请问我该怎么做才能消除他的误解呢？

与好友争执应该说总有点难免，但争执之后如不及时解决则会影响友情。另外，人们在争执之后的一段时间内难免激动，谁都不肯轻易承认错误，所以可以等一段时间，待双方都冷静下来再重新认识争执的责任方，一般会消除误解的，只是双方都应有批评与自我批评的心理承受能力。

如果你真的没有看不起他，那么你可以对他的怀疑置若罔闻，还像从前一样待他，误解会慢慢消除的。

老师，对于发生在自己身边的一些不良现象，我选择不闻不问，事不关己是否正确？

不！不！怎么能不问呢？但要看怎样问，因为我们问的目的是要消除不良现象，如果我们问的结果是越来越坏，那么我们还是不问得好，你说呢？因此，对于不良现象，必须要注意斗争的方法，不可急躁，更不可轻率行事。正如看到“敌人”，当然要消灭他，但要确保既消灭“敌人”又保护好自己，你说对吗？

老师，我因为一件事情被辅导员误解，心中很难过，认为辅导员对自己有成见，该怎么办？

生活中被人误解是常有的事，能被别人误解，当然也会被辅导员误解，因为辅导员也是人。

你不必太难过，因为辅导员心里一定也没有难过。他错了都不难过，你没错，干吗难过？不公平。

辅导员不会对你有成见：一是因为他是老师，一般来说老师是不会对学生有成见的；二是因为辅导员事务繁忙，几乎没有多少时间来记住学生的一些微不足道的失误，更不会对你的失误耿耿于怀。

综上所述，你完全可以像什么也没发生一样，过自己的日子，正常地学习生活。

老师，进入大学之后，与高中的朋友交流少了，慢慢地不知道如何交流和相处了，请问怎么办？

我觉得应该还像高中时一样与他们相处，该说的说，该玩的玩。如果他们小心谨慎或很自卑地躲着你就算了。如果不是，只是有点感觉不如你，你可不主动谈大学里的事，问到了再说，千万不要说“我在大学里……”“我们大学……”。一切回归从前，让他们感受到你并没有看不起他们。

老师您好，看不惯甚至讨厌一个人，但表面上又很热情地同他相处，是不是显得我很虚伪？在与人交往时，我有时会不自觉地在某些方面产生嫉妒心理，我也知道这样是不对的，请问怎样纠正呢？

只要这种热情的背后没有别的不好的目的，不能说是虚伪。

你首先应该认识到这种嫉妒心理是不好的，不利于与人相处。纠正的办法是将这种心理转移为自尊心，推动自己在某些方面的前进，既然不如别人，就该向人学习，而嫉妒别人不但堵了这条路，还损毁了自己的品质，不是吗？

老师您好，我有几个问题请教您：

（1）为什么要敬爱自己的老师，他们和我们不是平等的吗？

（2）请问如何给人留下良好的第一印象呢？

（3）感觉有些人不喜欢或不擅长交谈，请问如何打开他们的话匣子，引导他们一起参与话题讨论呢？

因为他有渊博的知识，所以敬他。因为他平易近人，所以爱他。师生之间，人格是平等的，但这不能代替客观存在的差异。

从自己的心理体验中寻找别人在你心目中留下的第一印象，加以综合，大致就可以得出结论，自不必我在此多言。

想让别人愿意跟你交谈的最好方式是谈别人感兴趣的话题，与不擅长交谈的人当然也不例外。

老师您好，我有两个问题请教您：

（1）我这个人性子比较直，说话语气冲，怎样做才能缓和些？

（2）作为班干，怎样才能既干好本职工作，又与同学处好关系？

少说话，多做事。跟说话不冲的人交朋友，向他学习。

反映同学的思想情况时，应该有所选择，不要事无巨细，应该整体客观把握，尽量避免涉及具体的个人。

给同学做思想工作，要尽量从其个人利益与集体联系出发，而不要有说教的味道，尤其不能说“辅导员老师说……”

诚心地与同学们交朋友，关心他们，多给予他们必要的帮助。

老师，在不可避免地与自己厌恶的人打交道时，请问如何求得心理上的平衡呢？

敬而远之，惹不起还躲不起吗，非必要不交流。

要真是厌恶得不行，表达适当的厌恶情绪未尝不可。

老师您好，请问遇到有损人自尊心和颜面的说笑，该怎么应付？有时候我对别人说话不知轻重，事后又对自己说的重话耿耿于怀，但抹不开面子道歉。老师，我是不是肚量太小了？

如果是说笑，便不会损人自尊和颜面，如果损人自尊和颜面，那就不是玩笑，你当适当反击。

不是你肚量太小，是你太娇气了。过集体生活，毕竟不同在家里，你当学会不娇气，因为除父母之外，不会有人再把我们当孩子看。为失去的童年哭一场吧，然后还得好好学做大人，你说呢？

老师您好，请问在看见那些违背交往原则的事情时，我们是应该无动于衷，明哲保身，还是挺身而出呢？

选择自己的交往原则是人们的自由，我们不是国际警察。但如果这种交往是为了一己私利而影响集体利益，比如贿赂，我们就应当通过适当渠道予以揭发。

老师您好，请问情绪极不稳定，怎么办？胸襟不宽广，怎么办？如何才能恰到好处地拒绝异性？

第一，学会克制自己。每次情绪波动时都要有意识地提醒自己，要沉着些，这样波动容易出问题，会犯错误。如此持之以恒地做，时间久了就会调试好，要有信心。

第二，学会包容。因为这是将来和现在都必须学会的一门生活课程，不能容忍，没有容人之心和宽广的胸襟，生活不会快乐。再说别人的瑕疵或对于自己的无意冒犯，能使我们损失多少？相反，我们如果没有宽广的胸襟，却会失去朋友。你说呢？

第三，开诚布公地把你的想法说出来，不要模棱两可。比如：我一直认为我们之间的关系很不错，我很珍惜；如果你觉得没必要，我也不强求。但加深或超越现在的友谊是不可能的，将来也没有什么希望，我希望你不要对我有太多的要求，我做不到。

老师，我希望获得亲密的友谊，但常常觉得人与人之间的距离感明显，请问如何去消除自己与他人之间的距离呢？

消除距离几乎是不可能的，只可以缩小，要使一般朋友升格为知心朋友，有一个漫长的过程。这需要努力才可以获得。这种努力包括提升自己的学习成绩和品德修养。因为谁也不会和一个只会谈感情的人在一起待太久。再美好的感情都必然与个人的人格、成绩相联系。因为友谊不仅仅是为了满足相互之间情感的慰藉，还有更多的需求依赖友谊来完成。比如，困难时相互帮扶，学习时相互激励，工作时相互支持，等等。

老师您好，我在与陌生人交谈时总觉得很不自然，没话找话，十分尴尬，请问如何解决？在与朋友相处时，如果是三个人一起，我常常无法加入聊天话题，觉得自己被冷落，请问我该怎么做呢？

提高认识，交谈不仅是情感的交流，同时也是信息的交流，情感的交流自不必说，信息的交流当然也包括“你吃过了吗”“你的衣服真漂亮”之类的话题。这不是无话找话，所以你尽管尽情地谈，不必太拘束。

可以找一个他们都感兴趣的话题，或有意识地向其中一个人提一些问题，以吸引他们的注意力。同时你应知道，倾听也自有乐趣，不一定就是被冷落，你说呢？

老师您好，我是一个比较内向的人，也一直想要克服，请问有没有什么有效的方法？另外，我们应该如何在群体中树立良好的形象呢？

与人交往时积极主动，与人交谈时举止大方。积极参加集体活动，尽量不独来独往。经常练习口头表达能力。诚实守信，谦逊热情，关心别人，不做有损集体和他人利益的事，等等。

老师您好，我在班级中担任班干，针对专业特色，想要组织班级同学开展公益劳动活动，但有些同学对公益劳动漠不关心，开展工作时阻力较大。请问我该如何调动同学们参与活动的积极性呢？我有一个严肃的外表，会让人觉得很“高冷”，难以靠近，但其实我爱说笑、爱动，内心是比较喜欢与人交朋友的。这常常让我很郁闷，请问该怎么办？

大学的班干，当先做同学的朋友，再做同学的领头人，这样才有益于开展和推动工作。同学们是否关心集体与班干的工作方式有很大关系，所以你还要调整工作的方式方法，树立班干良好形象，成为他们的朋友，了解他们的心声，有针对性地调动他们的积极性。

虽然你爱说笑、爱动，但你“严肃的外表”增加了其他同学的防护心理，所以短时间内你的朋友是不会多的。我觉得你可以适当调整自己的面部表情和性格，人们对于温柔和谦逊是不会反感的。你不妨对着镜子微笑地面对自己，看怎样的表情才是你喜欢的，不要每天都紧绷绷地放纵自己严肃的脸出去吓人，要把自己爱说笑、爱动的个性充分发挥出来。

老师，请问在和异性朋友相处过程中，如何正确处理彼此关系和保持适度距离？

第一，承认异性间有友情，而不独是爱情。

第二，交往时言行举止得体，不要让对方有误解。

第三，遵循所有同性间交往的原则。

第四，在情感上，要像看待同性朋友那样看待异性朋友。

第五，在心理上要消除畏惧、胆怯或想入非非的不良心理。

供参考。

老师，在学校工作中，常常需要和男生一起完成，我自己也比较珍惜彼此的友谊和在工作中的共同进步，可已经招来了一些我不愿听到的非议，请问我该怎么办？

首先要承认，男女之间除了爱情还有友谊。其次，在交往时注意举止恰当。再次，不必交往过密，友情是不必如此的。最后，尽量能邀一个女生一道去，这样会更妥当些。

对于无聊的议论、闲话，就只当它是无聊之人的废话，不必在意。

老师您好，我有一位认识很久的好朋友，因为上学的原因很久没有见面，想跟他写信交流，但又比较自卑，因为他比我考得好。请问您怎么看？

既然那么想，又见不到，还有比写信更好的方式吗？有啥好自卑的，他们有鼻子眼睛，你不也有，一个也不少。别因为自己的傻劲儿丢失这么好的朋友，快写吧！

老师您好，作为一位老师，您喜欢同学与您沟通交流吗？我不喜欢参加无聊的闲聊，但是会显得不合群，有时还会招来非议，请问该如何处理？

不喜欢学生去找他的老师，不是好老师。我要做好老师。所以，你觉得我是否喜欢同学与我交流呢？

只要你没错，何必太在意？拿定主意就要坚定。

老师，第一次和别人见面时，您认为是很快彼此介绍好，还是让其自然地慢慢发展好？

当然是“很快彼此介绍好”，但介绍得不必太多，比如介绍一下姓名、职业、工作单位就很不错了，大可不必把家庭住址、年龄、家中人口、兴趣爱好等一口气介绍完。因为别人可能并不感兴趣，再说与别人初次见面，当有所保留，“一览无余”会使别人对你失去兴趣，许多内容“让其自然地慢慢发展”就好。

老师，当自己想和别人建立一种关系，而别人又不太愿意时，我该怎么办？

请相信“强扭的瓜不甜”，情感是不可强求的，所以我觉得你要做的很简单，就是回到他（她）认为合适的距离之外。

老师，请问您认为异性之间交往的原则是什么？

首先，承认异性间有友谊；其次，交往时要消除胆怯心理；再次，交往时要举止得体；最后，不能想入非非。

供参考。

老师，我是一名班级干部，在班级管理过程中，有的同学违反了纪律时，我既不得不予以指出，又怕影响同学关系，使今后的工作难以开展。请问我应该如何妥善地处理好工作职责和同学关系之间的问题？

毛泽东说：我们的任务是过河，但是没有桥或没有船就不能过，不解决桥或船的问题，过河就是一句空话。不解决方法问题，完成任务只是空谈。同样的，你的问题要解决，我认为首先要注意方法，不同的对象要用不同的方法，具体的方法要围绕一个目的来寻找。你的做法是从对方的利益出发的，而不是为了你个人，无私便无畏。

老师您好，我有两个问题请教您：

（1）进入大学之后，我发现周围的人际关系变得复杂，也存在一些钩心斗角的现象，请问如何避免？

（2）有时会面临别人反映问题时的添油加醋、栽赃嫁祸，这些事情我明明没有做过，却对我产生了负面的影响。请问我应该如何应对这种问题？

第一，心中有数，不参与，不挑拨，不制造是非。如果有必要帮助，以调解劝和为主。

第二，学会适度地宣传自己，用雄辩的事实，给这些不足挂齿的人以响亮的耳光。

老师您好，我是一个不太会拒绝别人的人，总觉得朋友既然提出来一些要求或需要帮助，拒绝会伤害到他们，但是勉强答应自己也不开心，请问我应该多考虑别人还是顺从自己内心？

这并不是什么大缺点，但有时你自己的确会感到累，因此改掉它是必要的。其实也不难，如果朋友之请并不十分强烈，或者朋友的要求有些过分，或者你自己没有条件满足其要求，都可以拒绝。一般的朋友可以找些理由拒绝，好的朋友可以直接说明。别担心这种拒绝会伤害感情，真正的朋友是会理解你的。

老师，我是班级干部。开学以来，班级很多同学不再像去年刚来时那么积极了，大多以自我为中心，只想着如何做对自己好，好像都憋足了劲要跟谁争什么似的。这让我的工作很难开展。您能给我一点建议吗？

作为一个班干，我觉得你是比较称职的，从你思考的问题来看，我想得出这样的结论并不为过，但我觉得作为学生干部，你还需要提高。我只说提高认识问题。

一是提高对于同学目前埋头学习的心理变化的认识。同学们经过过去半年的学习和生活，尤其是寒假过后回来看看自己的成绩，发现在大学仍然只有通过学习才能提高自己，于是有相当一部分同学又回到了书桌旁，并不一定是为了憋足了劲跟谁争什么。大家都应该丰富和发展自身。

二是提高对于同学们以“自我为中心”，处处想“如何做对自己好”的认识。应该说，作为集体中的一员，仅仅这样想是不对的，就像工作不能仅仅想到为了生存一样。但作为集体的领导者，必须替同学们这样想。集体的领导者是为群众服务的，如果他们不把群众的利益放在首位，而一味强调集体利益是站不住脚的。因此，班级各项活动首先要考虑同学们可有意愿参加，他们参加了能得到什么，如果不考虑这些，任何一项活动都会有人不欢迎。只有当集体具有凝聚力、吸引力之后，同学才会主动，为班级考虑。

一个被大家都瞧不起的人，当了班干后，更加嚣张、猖狂。他分明只是一个夸夸其谈、没有能力的人，却要摆出一副“官相”来领导别人。我对此看不惯，该怎么做？

古语有云：得人心者得天下也。所谓得人心者，为人欢迎，受人钦佩，让人依赖之谓也。所以能得天下，说到底，离不开一个“德”字，如果与其相反，则不可能得“天下”。

这位“嚣张、猖狂”的班干太没有自知之明，将来定然会栽跟斗，因为他这样的德性，不独你一个人看不惯。所有有思想的有品德的人都会看不惯，他还会猖狂几时？没有群众基础的干部就像没有根的野草，对待他，你还需怎样做吗？

但有一点要注意的是，作为班干部，他是集体利益的代言人，当有益于集体的工作从他的口中布置下来，你切不可因为个人的情感因素而影响集体利益，这是两种不同性质的矛盾。

后 记

在探索思想政治教育工作的道路上，我先后尝试过很多方式。其中，与学生建立正常的沟通渠道，是我一直在坚持做的。经过较长时间的探索和整合，在安徽师范大学这片思想政治教育的沃土上，长出了一棵叫“丙辉漫谈”的树。这棵树一直向上生长。学生各不相同的需要，仿佛这棵树上的枝杈，不同的问题犹如一片片色彩斑斓的树叶。直到今天，拥有三十年树龄的“丙辉漫谈”已经枝繁叶茂。是该整理的时候了，好让它在今后的成长中更加繁盛，更好地为青年大学生的成长助力。

整理是一项复杂的工作。一方面，庆幸自己一直保留了大部分的信息，为整理提供了条件；而另一方面，在这浩繁的信息中删繁就简，也确实很伤神。过去的工作中，由于缺少整理归纳的意识，这次整理着实让我和我的学生费了一番心力：一是将我在微博和网页上的言论全部整理出来，二是将我多年前给学生的回信收录成电子文稿，三是将以上整理的内容归纳出大致类别，再次进行比较细致的归类。这才有了现在的成果。

整理的过程，也是学习的过程；阅读的过程，也是成长的过程。我和我的弟子们一起成长，一起反思和总结，感受成长的快乐。

在此向所有为本套丛书付出辛苦劳动的人表示真挚的感谢！

由于整理得比较仓促，也限于自己的水平，其中的一些言论或会贻笑大方，敬请捧腹，万勿私下生气。

路丙辉

二〇二二年一月三十日